玩转移动端

社交营销+工具运用+粉丝引流

乘风 编著

 化学工业出版社

·北京·

移动互联网、社交平台的兴起，为企业带来了新的挑战与机遇。越来越多的人看到了移动社交营销的价值与前景，本书旨在成为移动互联网营销领域的工具书、参考书，为读者呈现一个系统、全面的移动社交营销体系，让读者对移动互联网营销有一个全面的认知和深入的了解。只要遵循书中的方法和步骤，即可以实现手递手式的操作。

《玩转移动端：社交营销+工具运用+粉丝引流》全面阐述了企业及个人如何进行移动社交营销。全书分为8章，分别从概念、特征、体系打造、运营人员应具备的思维、营销策略及具体方法（包括微信、移动App、微店、手机淘宝、移动直播平台，以及其他社交平台等）等多层面内容进行详细解读。

图书在版编目（CIP）数据

玩转移动端：社交营销+工具运用+粉丝引流/乘风编著. —北京：化学工业出版社，2019.10
ISBN 978-7-122-34971-2

Ⅰ. ①玩… Ⅱ. ①乘… Ⅲ. ①网络营销 Ⅳ. ①F713.365.2

中国版本图书馆CIP数据核字（2019）第164412号

责任编辑：刘　丹　　　　　　　　美术编辑：王晓宇
责任校对：宋　玮　　　　　　　　装帧设计：水长流文化

出版发行：化学工业出版社（北京市东城区青年湖南街13号　邮政编码100011）
印　　刷：三河市航远印刷有限公司
装　　订：三河市宇新装订厂
710mm×1000mm　1/16　印张14　字数196千字　2020年3月北京第1版第1次印刷

购书咨询：010-64518888　　　　　　　售后服务：010-64518899
网　　址：http://www.cip.com.cn
凡购买本书，如有缺损质量问题，本社销售中心负责调换。

定　价：58.00元　　　　　　　　　　　　　　　版权所有　违者必究

前言

随着移动互联网技术的不断创新、智能设备的大范围运用，移动互联网营销成为商业领域的一大风口。移动互联网营销的兴起，为企业带来了新机遇，越来越多的企业看到了这种营销方式带来的红利，尤其是电商，纷纷在移动端建立更轻便化的营销平台。

移动互联网时代，企业必须以最小的投入、最快的速度占领市场，否则将会被淘汰。在这一背景下，如何做好移动端营销成为关键，只有把营销做好，把销售做实，才能适应市场的发展要求，满足消费者的消费需求。

移动互联网营销往往伴随着较强的社交性，因为大多数营销行为都是以社交平台为载体的。比如，微信营销、移动App营销、微商城、微淘等一大批移动端应用，都依托不同的平台，依靠强社交性带动。

因此，可以预见，移动+社交的营销方式是未来的大趋势，既会影响到企业的营销格局，也会深深地影响消费者的消费方式。以移动App为例，现在，每个人几乎都生活在App营销（Appvertising）的时代。苹果App商店里可供下载的应用数已经超过了50万，下载次数也超过了250亿次，这使得App成为了移动社交营销的前沿阵地。消费者可以下载喜欢的App，并可以同App进行交互，从而完成购买行为，与朋友分享。这是一种十分受欢迎的广告形式，只需点击下载App，甚至有些时候，人们愿意付费下载。

移动端社交营销正在悄无声息地改变着企业和消费者的行为，相信在不久的将来，传统营销必将被移动端营销所取代。

本书正是基于此而作，全面阐述现在企业、电商或个人自媒体如何做好移动社交营销，旨在为读者呈现一个系统、全面的移动端社交营销体系，打造一本移动端营销的工具书、参考书，让读者从思维模式、战略战术、方法等方面对移动社交营销有多个层面的认知和了解，按照书中教的方法和步骤可以进行实践与操作。

本书全文分为8章，第1~3章从概念、特征、体系打造、运营人员应具备的思维、营销策略入手，从整体上阐述什么是移动社交营销，以及做移动端营销应具备的思维和策略；第4~8章具体介绍如何做好移动端营销，重点对几种常用社交平台进行介绍，包括微信、微店/微商城、手机淘宝、移动App、直播平台，手把手教读者根据不同的平台有针对性地做好移动端营销。

由于时间和笔者水平所限，书中疏漏之处在所难免，敬请读者指正。

笔者

目录

第1章 移动端开启了移动端社交营销之门 1
1.1 移动终端给消费市场带来的变化 2
1.2 移动端社交营销是未来营销的主旋律 3

第2章 移动端社交营销 6
2.1 移动端社交营销的概述 7
2.2 移动端社交营销的四个特性 8
    2.2.1 移动性 8
    2.2.2 社交性 10
    2.2.3 传播性 10
    2.2.4 互动性 12
2.3 打造移动端社交营销体系的三个条件 12
    2.3.1 二维码：进入移动端的重要通道 13
    2.3.2 LBS：实现地理位置的共享 15
    2.3.3 O2O：构建线上线下的完美闭环 19

第3章 七个策略打造移动端社交营销体系 　22

3.1 打造忠诚的粉丝 　23
3.1.1 没有粉丝，何谈营销 　23
3.1.2 做好粉丝营销的两个关键 　26
3.1.3 提升粉丝忠诚度的两种方法 　29

3.2 展开病毒式传播 　32
3.2.1 病毒式传播的概念及特点 　32
3.2.2 制造病毒，创建病原体 　35
3.2.3 发布病毒 　38

3.3 缔造良好的口碑 　40
3.3.1 口碑传播的概念与特点 　40
3.3.2 引发口碑传播的五个策略 　41
3.3.3 策划口碑营销的五个关键点 　43

3.4 构建稳固的社群 　47
3.4.1 社群的概念及特点 　47
3.4.2 社群的优势 　49
3.4.3 常用的社交平台 　51

3.5 充分利用自媒体 　57
3.5.1 常用的主流自媒体平台 　58
3.5.2 自媒体更适合移动时代 　62
3.5.3 做自媒体内容是关键 　65

3.6 充分利用明星效应 　67

		3.6.1 借助名人打造事件营销	67
		3.6.2 如何策划事件	69
		3.6.3 哪些人或事件是借用的好素材	71
	3.7	巧妙采用免费策略	73
		3.7.1 免费的目的：用户引流	73
		3.7.2 免费的本质：以免费带动收费	76

第 4 章

微信营销：
开创了移动端社交营销新时代 80

4.1 微信个人号 81
    4.1.1 微信营销的特点 81
    4.1.2 朋友圈和微信群营销 82
    4.1.3 个人微信的设置与装修 86

4.2 微信公众号 90
    4.2.1 微信公众号在营销中的作用 90
    4.2.2 微信公众号的类型 94
    4.2.3 公众号运用场景选择 94
    4.2.4 微信公众号的基本设置 99
    4.2.5 微信公众号文章写作技巧 104

4.3 微信小程序 110
    4.3.1 微信小程序的概念 110
    4.3.2 微信小程序的应用场景 112
    4.3.3 微信小程序的传播优势 113

第5章 微店/微商城：将实体店"搬进"移动端 ... 118

5.1 微店 ... 119
5.1.1 微店开启移动端社交营销新时代 ... 120
5.1.2 常见的微店平台 ... 121
5.1.3 微店的基本功能 ... 125
5.1.4 微店营销的方式 ... 133

5.2 微商城 ... 136
5.2.1 微商城与微店的区别 ... 136
5.2.2 微商城的内部系统 ... 138
5.2.3 微商城的开发与应用 ... 140
5.2.4 微商城营销技巧 ... 145

第6章 手机淘宝：淘宝电子商务转向移动端的标志 ... 150

6.1 手机淘宝 ... 151
6.1.1 手机淘宝的优势 ... 151
6.1.2 手机淘宝界面设置 ... 152
6.1.3 手机淘宝营销技巧 ... 155

6.2 微淘营销 ... 161
6.2.1 微淘的发布与管理 ... 162
6.2.2 内容是微淘吸粉利器 ... 165

第7章

移动App：促使移动端社交营销全面普及 … 168

7.1 移动App在移动端社交营销方面的优势 … 169
- 7.1.1 便于信息的传播 … 169
- 7.1.2 使用方便快捷 … 173
- 7.1.3 开发成本低 … 174
- 7.1.4 互动性强 … 175

7.2 移动App的营销模式 … 176
- 7.2.1 直接卖货，开通网上店铺 … 176
- 7.2.2 广告植入，以广告带动营销 … 177

7.3 打造富有吸引力的App的五个关键 … 179
- 7.3.1 功能个性化 … 179
- 7.3.2 以用户需求为导向 … 181
- 7.3.3 增强用户体验 … 181
- 7.3.4 注重内容质量 … 182
- 7.3.5 设计要简单 … 185

第8章

直播平台：将每个营销人员打造成网红 … 187

8.1 直播，移动端社交营销工具的再升级 … 188
8.2 移动直播营销的优势 … 191
- 8.2.1 网红的流量效应 … 191

8.2.2	实时互动的信息传递	195
8.2.3	目标用户更容易抓取	197
8.2.4	互动性强、用户黏性高	199

8.3 移动直播的主要类型   201

8.3.1	泛娱乐直播	201
8.3.2	游戏直播	205
8.3.3	电商直播	208
8.3.4	商业直播	209

后记 | 我国移动端社交营销未来的发展大趋势   212

第1章

移动端开启了
移动端社交营销之门

　　PC互联网是互联网的早期形态,移动互联网是互联网的未来。PC端是互联网的终端之一,局限性很大,而移动端作为互联网的终端则更多样化、智能化。平板电脑、智能手机、电子阅读器(电子书)已经成为重要终端,电视机、车载设备正在成为终端,冰箱、微波炉、抽油烟机、照相机,甚至眼镜、手表等穿戴物品未来也都可能成为一种终端。

1.1 移动终端给消费市场带来的变化

随着互联网由PC端逐步向移动端转移,人们使用互联网的习惯也逐步倾向于移动端。生产、生活、消费习惯因终端的转移发生了重大改变,移动终端给互联网市场带来了前所未有的改变,有人将此喻为一场互联网革命。

移动互联网在我国的兴起大约是在2010年,虽然头两年发展有些缓慢,但发展速度每年都在递增,2015年首次超过PC端,占比达到55.5%,2016年这一比例扩大至68.2%,2017年、2018年继续扩大。2019年,移动端已经成为人们利用互联网资源的主要端口,尤其是消费市场,移动消费时代全面到来。

据统计,截至2019年年初,全球有约16.8亿消费者使用移动端进行网购,使用移动端进行支付的消费者占比已达12%,其中,我国使用移动端进行网购的消费者占到88%,全球排名第一。

那么,为什么有如此多的人迷恋上在移动端消费呢?原因有很多,但有两点是最根本的:一是移动端消费具有传统消费无法比拟的优势,二是移动端消费能给消费者带来更多心理上的满足感。移动端消费的优势具体如图1-1所示。

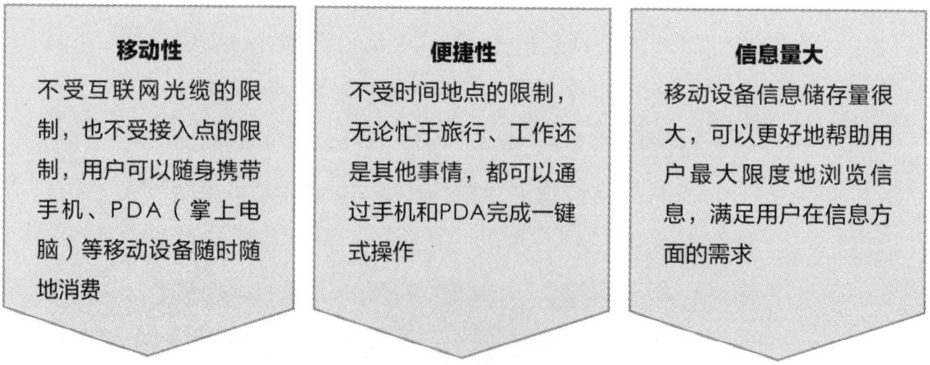

移动性	便捷性	信息量大
不受互联网光缆的限制,也不受接入点的限制,用户可以随身携带手机、PDA(掌上电脑)等移动设备随时随地消费	不受时间地点的限制,无论忙于旅行、工作还是其他事情,都可以通过手机和PDA完成一键式操作	移动设备信息储存量很大,可以更好地帮助用户最大限度地浏览信息,满足用户在信息方面的需求

图1-1 移动端消费的优势

人们之所以选择移动端消费,除了具有上述优势之外,还有一个很重要的影响因素,那就是心理因素。人们越来越重视消费体验。例如,有人购买一件衣服，决定其是否购买的因素，很多时候与价格、品质无关，而与其心理有关，例如，这个品牌是他最钟爱的品牌，这个款式是当季最流行的，或是他喜欢的某歌手的同款等。消费心理在消费行为中发挥着重要作用，而且极有可能直接决定了某些人的购买行为。著名的马斯洛需求理论指出，人有五种不同层次的需求，在不同的时期需求是不同的，不同时期对各种需求的追求迫切程度也是不同的。

消费是一种物质需求，也是一种精神需求，移动互联网的出现让消费者的需求由物质层面上升到了精神层面，这也从侧面反映出移动端消费是一个不断满足消费者需求变化的过程。从这个角度看，消费者在移动端的消费可以获得足够的精神满足。经过分析和总结，这样的需求包括4大类，即求新、求自由、求利、求乐趣，具体如图1-2所示。

求新	求自由	求利	求乐趣
移动端消费是一种新消费方式，在消费过程中既可以浏览、选购不同的新商品、新服务，还可以获得更多心理上的新感受	移动端消费私密性更好，可以给消费者提供一个更好的消费环境，可以不受任何人干扰，随心所欲地做出购买决策	移动端消费更优惠。线上卖货成本较低，可以给消费者的优惠空间更大，如赠品、免运费，从而让消费者获得物美价廉的满足感	随着互联网技术的不断提升，比如直播、VR等，移动端消费能给人以身临其境的感觉，大大提升了消费者的消费兴趣

图1-2 移动端给消费者带来的心理需求

移动端社交营销是未来营销的主旋律

移动端设备的日趋成熟，为移动端社交营销奠定了基础，未来必将成为营销界的主流。目前，移动端社交营销已经成为零售领域的"新贵"。一大批新兴电商发展起来，如卷皮、贝贝和蘑菇街等；传统电商转战移动电商，如京东、淘宝网、苏宁易购等传统电商巨头纷纷做App、微信小程序等，目的就是抢占移动互联网市场；另外还有一些依靠社交平台发展起来的微商，如微信微商。

> **案例**
>
> 　　卷皮，移动电商的代表，2016年是其高速发展的一年，多家机构监测数据均显示，卷皮移动App月活跃用户数、月度总有效时长等增长速度遥遥领先于行业平均水平。2016年11月份，更是以3年累计增长5128%的傲人业绩，被全球四大会计所之一的德勤评为2016德勤高科技高成长中国50强、亚太区500强前10，是当年排名最靠前、成长最快的电商企业。
> 　　卷皮之所以能够保持如此高速的成长，在电商巨头和众多新兴移动电商中突围而出，凭借的不仅是移动端布局先发优势，更重要的是差异化的创新商业模式和市场定位，即其在国内首次提出的平价零售模式和自身平价生活电商的鲜明定位。

> **案例**
>
> 　　京东，全国最大的电子商务商城，但自成立以来主要限于PC端。随着消费者向移动端的倾斜，京东相继推出了基于iPhone、iPad、Android、Symbian的手机客户端。在客户端里，京东打通了其后台数据库，让用户可以登录账号、查询账单，更能用手机完成商品查询并下单。在这些服务之外，利用手机特性，京东更是想了很多办法，不断降低下单门槛，激发用户的消费欲望。
> 　　除了京东积极布局移动端市场外，其他传统电商诸如淘宝、苏宁易购、凡客等也都同样开辟了移动端购物业务，用户只需要将账号绑定在手机端就能完成一键下单。

移动端社交营销这一营销模式深深地影响着电商，使电商平台逐步由PC

端向移动端转移，运营模式上逐步更加轻便、垂直、扁平。

比如，传统电子商务中，我们得有电脑，登录网站、选购、下单等都是相对独立的操作。而在移动端则很简单，复杂的购买行为变成最简单的一个按钮。当然，我们不能片面地理解为移动电子商务是传统电子商务的简单扩展。相对于传统电子商务，移动电子商务还有一些独有的特点。

移动端社交营销还催生了另一种商业模式：微商。这种模式是自2014年逐步成长起来的，被认为是对传统电商的颠覆和创新。随着移动互联网技术的不断成熟、智能设备大范围应用，微商已经全面走入人们的生活。

在所有微商中微信微商是最受欢迎的，微信朋友圈不仅是很多人晒幸福的场所，也是大量微商进行商品宣传推广的主要地方。他们通过在朋友圈中宣传、推广自己的商品和服务，吸引微信好友购买或转发，形成二次消费。

当然，微信微商并不单单是在朋友圈中发广告，其最主要还是以社交为基础，以情感为桥梁，先取得好友的信任。

> **案例** 笔者一位朋友最大的爱好是收藏玉石，为此积累了丰富的玉石方面的知识，由于专业知识丰富，在微信朋友圈小有名气。后来，他开始卖玉石，同时向用户普及玉石有关的知识。有的人想向他学习鉴别玉石的技巧，成为了他的粉丝。正因为有了这个基础，当他在朋友圈中推销自己的玉石时，许多客户都非常信任他，这样很快打开了一条朋友圈销路。

上面案例只是移动互联网实际运用的冰山一角。在这里我们不谈移动互联网的运用成效，只想说明一个问题：得益于移动端消费群体的不断扩大，越来越多的企业、商家正在从线下实体、PC端向移动端转移，移动端社交营销将是未来营销的主旋律。这就使得移动端社交营销显得更加重要，一个企业、一个商家如果不懂得移动端营销，就不能将产品推向移动端市场，就不会获得海量的移动端用户资源。

第 2 章

移动端社交营销

2.1 移动端社交营销的概述

1. 定义

互联网催生了网络营销，而移动互联网则加速了网络营销向移动性、社交化方向发展，在这种背景下，移动端社交营销应运而生。所谓移动端社交营销，是指基于移动互联网，借助移动设备，在社交平台上通过分享或互动来实现营销目标的一种营销模式，如图2-1所示。

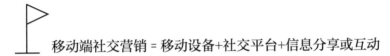

移动端社交营销 = 移动设备+社交平台+信息分享或互动

图2-1 移动端社交营销的概念

2. 优势

移动端社交营销较之传统营销有很多优势。比如，用户通过无线系统即可访问移动网络覆盖范围内任何地方的服务；通过图文、音频等可以直接沟通，再加上移动设备的广泛使用，更具有用户基础。因此，移动端社交营销兼移动性、方便性、个性化等优势于一体。这些优势决定了移动端社交营销的发展潜力，具体如图2-2所示。

适用范围更广	适用人群大	信息更透明
移动网络因有介入方式无线化的特点，因此具有开放性、包容性，从而使网络覆盖范围更广、更大，用户在比较偏僻的地方也可以从事营销活动	PC端网络在给人们带来便利的同时，也有很大的局限性，那就是必须有线接入，而移动电子商务则是无线的，利用无线让用户随时随地使用	信用问题一直是制约网络营销的一大因素，而移动电子商务因与使用的手机进行了绑定，手机号也被认证，这样就使用户身份更加确认，不存在违约问题

图2-2 移动端社交营销的发展潜力

3. 发展

移动互联网时代的到来，智能手机的普及，带动移动端社交营销崛起。移动端社交营销作为一种新型的营销方式，充分利用了移动无线网络的优点，并以其独特的优势迅猛发展着，将营销推向一片信息沟通顺畅、社会发展和谐的新天地。移动端社交营销是建立在PC端社交营销基础上的，而PC端社交营销经过多年的发展，基础已经足够坚实，现在只是在移动这一新的应用场景下，用新的方式与用户发生关系。

不过，移动端社交营销作为一种新的营销方式，在前进路上也有很多障碍。从目前很多企业的营销现状来看，大多数还处于初步试探阶段，从理念、模式到变现的转化还需要很长一段时间。

例如，现在人人都有智能手机，最大的感受就是粗暴的广告无休止地刷屏，这说明移动端的很多营销方式还处于粗放式管理阶段，这样的营销不但达不到预期效果，还会恶化用户体验，弱化品牌影响力。

2.2 移动端社交营销的四个特性

2.2.1 移动性

移动性和社交性是移动端社交营销最显著的两个特征。移动性是指必须建立在移动互联网基础上，移动互联网是相对PC互联网而言的。其实，两者本质上没有任何区别，网只有一个，不分移动互联网和PC互联网，主要区别在于执行端口不同，一个在PC端，一个在移动端，因端口的不同在应用场景上就有了区别。

互联网自从诞生以来，长期由PC端输出，很长一段时间内互联网世界里并没有移动互联网一说。移动互联网是伴随着移动网络、移动设备的出现而兴起的，较之PC端营销，移动端营销优势明显，这也是移动端营销成为互联网营销主流的原因之一。

那么，移动端营销的优势是如何体现的呢？这可以从移动设备上分析，移动设备的优势某种程度上就代表了移动端营销的优势，具体有4个。

1. 高携带性

移动互联网是借助移动设备实现输出的，而移动设备便于携带，使其具有高携带性，真正实现了移动。这也使得用户使用起来更便利，获取资讯也更便捷、高效。这一优势是PC设备无法比拟的，也是移动端优于PC端的主要原因。

2. 安全性高

移动设备的安全性远高于电脑，这主要表现在三个方面。第一，移动设备的基础架构最安全。众所周知，移动设备的操作系统采用多层分类方法，安装在手机上的应用都是经过数字签名的，也就是说用户可以对每个应用授予不同的权限。第二，大部分移动设备使用沙箱技术，即应用在沙箱环境中运行，也就是说，应用不能共享或读取属于其他应用的数据。沙箱技术可预防一些复杂的恶意软件。第三，移动设备的攻击面小。移动设备恶意软件和漏洞的利用主要攻击特定的硬件、固件和操作系统版本，这会减少大规模感染的可能性。

鉴于以上特点可以发现，移动设备的安全性比较高，这决定了移动（智能）社交营销安全性更高。比如，在数据共享时可保障认证客户的有效性、信息的安全性。这正好与PC端公开、透明、开放的特点形成了鲜明对比。

3. 使用简单

移动设备有使用简单的特点，这也使得移动端用户使用时不会有PC端那么复杂的操作，基本上可以实现一键操作，在使用时动动手指即可，甚至可以用语音、手势、肢体语言来控制。

4. 连接性好

移动设备在网络上与视频、音频的完美融合，如远程监控、远程即时会议、商务导航——这些是PC端无法比拟的。移动通信设备可以实现对其他数码设备的支持，如车载系统、担当家电数码组合的客户端操作设备、基于隐私保护下可担当移动银行支付卡等。

移动端社交营销正是借助移动互联网、移动设备实现了移动性，使其能更加迎合人们追求便利的需求。

2.2.2 ▶ 社交性

社交性是移动端社交营销的另一个显著特征，在移动互联网时代，所有的营销几乎都伴随着社交。社交是移动端营销的润滑剂，传统营销往往将营销与社交完全割裂，这也使得营销的商业味太重，参与性非常差，少了一点点乐趣。而移动端营销则融营销于娱乐中，潜移默化地影响客户，让客户不知不觉地接受产品或服务。

比如，某款美食App，不仅是一个订餐工具，还是一个可以结交朋友的平台，因为用户在订餐的同时，可能分享给家人、朋友，甚至想参与制作。而分享与参与是移动互联网时代用户最热衷的事情之一，如果在分享美食的基础之上可以让用户有高度的体验感觉，那就更有利于提高用户黏性。

移动端营销之所以看重社交性，还要从用户的心理特征来说，用户在移动端消费不仅仅是花钱而已，更看重体验。因此，可以得出一个结论，移动端社交营销是与移动的消费者进行关系链接的营销。所谓关系，是指所做的营销一定要让用户能够产生共鸣。企业通过移动端可以与终端消费者直接交互，跨越时间、空间的限制。用户在各自的移动端中，看到的是个性化界面，这个个性化界面让用户把手机看作个人专属领域。同时社交性大大降低了企业与终端用户直接交互的成本。

移动端社交营销面对的是个人领域，所以首先要考虑的不是产品、不是销量，而是关系、互动、情绪。因此，要做好移动端社交营销必须注重用户关系和情绪，强化互动，或者说尽量地营造一个适合用户的环境，让用户感到舒服。

2.2.3 ▶ 传播性

移动端社交营销是一种通过移动互联网、移动（智能）设备来推送和传播的营销方式。较之传统营销，移动端社交营销传播性更强。比如，现在很多企业都希望拥有一款App或微信小程序，这已经成为各行各业争夺移动互联网资源、拉拢线上消费者的主要做法。以App营销为例，这种方式越来越成为企业接轨移动端的主流做法，也逐渐成为企业布局移动端营销市场的战略性策略。

当前App营销多指第三方智能移动平台的应用程序，具有智能性、社交性双重特征。这也决定了App营销易传播的特性。在App应用上，可随时随地接收信息、分享信息，这无疑增加了App对企业产品和业务、营销、服务的价值。

奔驰Smart曾推出过一款"奔驰Smart"App，这款App以Smart智趣的风格设计，吸引了很多用户关注，用户下载该应用程序后，可通过手机随时查找附近的Smart经销店，还可以随意比对Smart各款车型，分享自己的心得，为购车车主带来全新的体验。

移动端社交营销的易传播性可使企业形象、品牌影响力、品牌理念，以最快的速度、最有效的方式传递给用户，同时，也可大大提高用户的接受度。与传统营销方式相比，这一特点主要体现在以下3点。

1. 传播形式易被接受

经常玩手机的人一定熟悉App广告、微信广告，其实，这就是典型的一种移动端营销行为。由于根植于App、微信这些社交软件中，而且大多是以音频和视频形式来表现，因此更容易被接受，比起传统广告效果要好得多。

2. 传播速度快

在移动端做传播或推广，最常用的方式是将产品或品牌相关信息直接或间接植入到App或社交平台中，这些信息会伴随着用户的下载、使用得到传播。我们知道，一个App或社交平台通过用户的转发、分享或其他行为可得到快速传播，这也无形中加快了其所含信息的传播速度。

3. 传播内容丰富

移动端的信息大都是立体化呈现的，比如音频、视频、直播等，很少有单纯的文字或图片，这使信息更加丰富，能使用户全方位地感受产品或相关服务。

2.2.4 ▶ 互动性

强互动性是移动端社交营销的核心特征,移动端社交营销的载体是社交平台,而在社交平台上,买卖双方不仅是交易,更多的是双方情感上的信任和认可、思想上的碰撞和接纳。比如,一个App靠什么吸引用户?主要就是通过与用户的互动,让用户对App产生信任、产生依赖,并且要让这种信任和依赖具有持续性,长期引导用户关注。

互动性将是移动端社交营销体系打造时候重点关注的一个方向,因为只有实现了与用户的互动,广告才能与用户需求更匹配,并在需求的带动下出现二次传播。因此,如何互动也成为做好移动端社交营销的关键。那么,如何实现高互动性呢?可以从以下5个方面做起。

(1)制造与用户进行1对1的、随时随地交流的机会。

(2)设置一键分享,可将信息便捷地分享到微信朋友圈、微博等多平台上。

(3)利用地图定位功能标示商家具体位置。

(4)设置对某件产品的评价区,供用户在购物时在线查看,并发表评价。

(5)设置聊天室、游戏室等来辅助与用户的互动,这比较适合iframe或flash型App。

2.3 打造移动端社交营销体系的三个条件

能否有效开展移动端社交营销依赖于营销体系的建设,而营销体系的建设首先需要满足三个条件,分别为:利用二维码技术打通进入移动端的通道;利用LBS技术实现地理位置的共享;利用O2O打造线上线下的闭环。本节基于这三个条件做了详细的阐述,同时结合典型案例进行分析。

2.3.1 ▶ 二维码:进入移动端的重要通道

二维码是移动互联网时代最显著的标志之一。当移动端消费成为潮流后,各个企业纷纷开设二维码,进军移动端,这是进行移动端社交营销的前提和主要途径。

对于二维码人们都很熟悉,在移动互联网时代二维码随处可见,商场、电梯、地铁里、道路旁、商品外包装上,机票、火车票等各种票据上,餐桌上,咖啡店等各种消费场所里,电视屏幕和户外广告牌上等都印着企业、商家的二维码。扫描二维码已经成为现代社会人们获取日常生活信息、消费信息最便捷的方式之一。"扫扫有惊喜"无处不在,吸引人们拿出手机扫一扫。

> **案例**
>
> 1号店,我国最有特色的电子商务网站之一,2008年7月11日正式上线以来,开创了中国电子商务行业"网上超市"的先河。
>
> 1号店被大众称为"最贴心的网络超市",之所以有这样的称号是因为其购物的便捷性。1号店是一个线上虚拟超市,展示所有的商品主要通过户外图片广告以及移动App、微信公众号等新媒体,是无法给予消费者实体店的购物感受的。但是1号店反而做出了超出实体店的良好体验,这就是对二维码的使用。通过二维码,客户可以随时随地进行线上购买。这一举措大大满足了用户特殊的需求,提升了客户满意度。
>
> 以二维码为入口,引导消费者进行线上消费,1号店还有一个特色,即在每个产品图片下都设置了相应的二维码。见过1号店宣传海报的人也许会发现,宣传单上不仅印有琳琅满目的商品,还在每个商品下方都印有一个二维码。用户只要扫一扫二维码就可以进入该商品的商品详情中,了解商品的价格、功能、是否有折扣等,并可即时

> 购买。
>
> 这种做法是当时的首创。当时最常见的做法是，在所有产品下统一置入一个二维码，消费者扫描后可以看到所有的商品、所有的信息，至于需要哪一个，还需要自己重新分类，自己挑选，这样就十分麻烦，遇到急躁的消费者甚至会放弃购买。而在每个产品下放置相应二维码，一方面可以便于客户能够详细、有针对性地了解产品信息；另一方面还可以方便客户购买，需要什么就扫描相应的二维码，大大提高了购买效率，节省了购买时间。

1号店以二维码为入口，并使二维码与商品一一对应，不但可以让消费者有针对性地了解商品信息，精准购物，还大大节省了购物时间，提升购物效率。1号店这种模式为很多企业提供了新的营销思路。

二维码凭借其现代化、网络化、便捷性的优势迅速成为消费者进入移动端的一个低成本、快捷入口。二维码技术其实是一项老技术，最早起源于日本，是丰田汽车公司一子公司在20世纪90年代为追踪汽车配件而开发的。这项技术在长达20多年的时间里并没有得到广泛应用，而在近几年，随着移动互联网的高速发展、移动智能设备的普及，重新焕发了新颜，被企业深度开发，并运用于各种场景中。

二维码是一种比较高级的条码，基本原理是用特定的几何图形按照一定规律分布形成的黑白相间的图形。这种图形是二维的（相对一维而言），这也成了二维码的核心所在。由于在编制上巧妙地利用了计算机内部逻辑基础的"0"和"1"的概念，使用若干个与二进制相对应的几何图形来表示图片、文字、数据等信息，因此比一维码更先进、容量更大、安全性更高。二维码在记录数据信息时，可以在水平和垂直两个方向上同时进行，而一维码只能在水平或垂直其中一个方向上，因此两者在信息量的储存上存在较大差距。二维码、一维码分别如图2-3、图2-4所示。

图2-3 二维码

图2-4 一维码

正是由于二维码具有容量大、安全性高的特点，再加上使用便捷、成本低廉，因此应用领域得到了大大拓展。二维码的应用非常广，已经涉及各行各业，而不只是获取信息、扫描支付那么简单，在很多方面都可以用到，如医疗管理、旅游管理、票务管理、鉴别真伪，企业中的生产管理、会务管理、资产管理、员工管理等。

2.3.2 ▶ LBS：实现地理位置的共享

LBS全称Location Based Services，是一项基于位置的服务，最早由美国明星互联网企业Foursquare发明。该服务的核心是"位置定位和共享"，是基于移动通信网络、卫星定位系统、移动设备而形成的一种信息增值服务。通过对位置的定位，获取位置信息，从而实现为用户提供更精准的产品或服务供应。

> **案例**
>
> 星巴克在美国曾推出一项基于LBS服务的App——Mobile Pour，该App可以帮助消费者实现随时随地的消费。如一对正在逛街的小情侣，突然想喝咖啡，即可通过"Mobile Pour"App下单，或找到附近的咖啡店。具体使用方法是打开App，允许星巴克获取具体位置，而后进入App点好要喝的咖啡，不一会儿星巴克服务人员就会送到。
>
> 无独有偶，比利时的一家啤酒品牌Stella Artois（时代啤酒）也采用了这种模式。他们开发了一个App——Le Bar Guide，用户利用App

可轻松找到附近的酒吧所在地。该App结合了AR技术，用户只要进入App就会看到附近的酒吧信息，包括酒吧的方位、地址以及基本信息，同时也会出现线路的指引，用户只要跟着出现的箭头走就可以到达酒吧。

无论是星巴克还是Stella Artois，都充分表明位置共享是LBS在商业领域的最佳应用。LBS凭借着独特的优势已经波及整个互联网领域，随着移动互联网和智能手机的普及，业界正在探讨如何将手机与位置信息更好地结合，打造手机+位置+广告+消费者+店家相结合的闭环生态链条。

通信网络、卫星定位系统、移动设备、产品或服务供应商是LBS的主要组成部分，也就是说，一项完整的LBS技术必须具备这四个元素，且相互之间紧密相连，缺一不可，关系如图2-5所示。

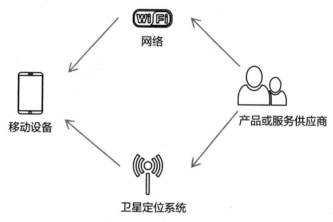

图2-5　LBS的四大组成部分

LBS的内容主要包括三个部分，分别为在哪里（空间信息）、和谁在一起（社会信息）、附近有什么资源（信息查询），如图2-6所示。

简单来说，LBS就是让大众知道自己在哪儿，身边都有哪些感兴趣的人、感兴趣的事以及正在发生什么等。

空间信息：
在哪里？

社会信息：
和谁在一起？

信息查询：
附近有什么资源？

图2-6　LBS的三大内容

LBS具有多方面营销的价值，技术领域方面，位置共享、地理围栏、移动支付、大数据处理等相关领域，使得LBS应用场景越来越大。然而，LBS的未来不仅局限在技术领域，更重要的是在商业领域。较之技术领域，LBS的商业价值更大，可以将人、物、位置、信息进行重构，通过技术分析深度剖析用户需求，并通过商业要素的重组和技术手段满足用户的需求。

随着LBS的普及，越来越多的企业开始关注LBS在商业领域的运用，并不断创新商业模式，加快了LBS与移动互联网的接轨进程，催生了新的营销方式，使市场需求更加趋于平衡，提升了销量，提升了用户忠诚度。

LBS的商业价值的最大体现是实现了资源分享与互换，企业与平台之间、平台与用户之间资源的优化配置，使得各方的利益都实现了最大化。三者之间的关系如图2-7所示。

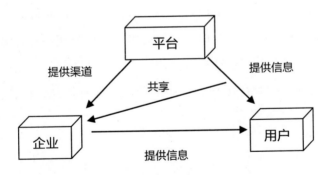

图2-7　用户–平台–企业的互动示意

企业、平台、用户三者既是资源的创造者又是消耗者。平台为企业提供

LBS精准渠道，企业通过该渠道发布产品信息、优惠信息等，如团购移动App以及各区垂直移动App等都聚集着大量优质的、本地化的信息。这些信息通过平台可实现更精准的传播。用户是企业和平台的桥梁，一方面通过LBS从平台获取信息进行合理消费，另一方面为企业进行信息反馈，促使企业自我完善。至此用户－平台－企业便形成了一个良性商业循环。

如很多移动App、微网站都是通过LBS的"位置定位"构建了自己的商业生态圈。

> **案例**
>
> 美国密尔沃基一家餐厅经常通过手机定位发起本地食客大Party，并积极鼓励食客参与。假如有50个人参加，每个人都可以拿到一个蜂群徽章（Swarm Badge），凭徽章可以优惠价吃大餐。消息一发出每次都有2～3倍的人参加，一次就带来了3天的流量。
>
> 无独有偶，SCVNGR游戏公司也是一个利用LBS进行营销的案例。SCVNGR新推出的LevelUp平台是一个基于地理位置的游戏，它将LBS引入到了游戏优惠活动中，规定特定领域的用户升级越多，就可以越早拥有新"级别"，从而获得更好的优惠和游戏体验。

签到是LBS应用最核心的运营机制，只要用户签到就有机会赢取一枚特殊的徽章，这也是企业营销与LBS结合最多的一种方式。上面两个案例都是这种方式，利用用户赢取徽章的动力，吸引用户参与，以扩大企业或品牌的曝光度，树立企业或品牌在用户心目中的形象。国外如此，国内也有类似的模式。

> **案例**
>
> 大众汽车为上海车展特别制作了一款手机App，是基于LBS位置服务的。车展期间，上海、苏州、杭州三个城市的用户可收集虚拟徽章，免费获得上海车展门票，并且有机会获得限量版大众汽车车模。

冒泡网规定凡是网内用户，即可利用冒泡网的地理位置服务（LBS）方式，在北京主要公交站点和北京各地铁站等站牌广告位置使用手机"签到"，活动推出当日即吸纳了上万人参与。

2.3.3 ▶ O2O：构建线上线下的完美闭环

O2O全称Online To Offline，即线上线下电子商务，这一概念最早由TrialPay CEO和创始人Alex Rampell于2010年8月7日提出。2012年10月31日正式传入中国，随即在业内引起了极大的反响。

O2O将线下商务机会与互联网结合在一起，让互联网成为线下交易的前台，线下服务就可以转移到线上，消费者可以在线上筛选服务，同时也可以在线结算。O2O是连接线上线下的主要桥梁，线下是指地面实体店，线上则主要就是指PC端和移动端。

> **案例**
>
> 黄太吉在2012年7月28日正式开业，刚起步时并没有做大做强的任何迹象。虽然地处北京国贸CBD，但却在一个并不是特别显眼的位置，店面也很小，仅有十几平方米，十多个座位。然而，就是这样一个小店却迸发出了强大的后劲，不足一年时间销售额已近500万元，风投给出了4000万元的高估值。
>
> 黄太吉到底为什么能这么火？恐怕不仅仅是味道好，更重要的是它采用了先进的商业模式：O2O。黄太吉的"80后"创始人赫畅年龄不大，却早已经是移动端社交营销领域的老兵。22～25岁在百度、去哪儿网、谷歌多家知名企业做品牌与用户体验方面的工作。26岁开始创业，先后创立过4A数字营销公司、数字创意公司DIF。近十年的移动端社交营销经验使他对如何利用互联网资源、如何通过互联网做市场、如何通过互联网工具黏住用户有了非常成熟的理解。
>
> 黄太吉成立之初，他便确定了自己的商业模式：通过互联网吸引

用户聚焦人气，然后再通过互联网、移动互联网工具与用户做关系，吸引用户到店消费。

黄太吉主要使用的互联网工具是微博，黄太吉的工作人员每天都会通过微博与粉丝互动，通过微博拉近与消费者的距离，增加用户黏性，继而吸引用户在线下消费或在线上订餐。除了微博外，黄太吉在微信等平台上也进行了营销。

黄太吉创立于O2O起步之年，因此被视为是O2O模式的一个经典案例。然而，黄太吉的成功只是揭开了O2O模式背后巨大商业价值的冰山一角。O2O模式还处于发展初期，从被提出到开始应用也仅有短短的五六年时间，但其巨大的商业价值和魅力还远不止于此。

它的出现极大地改变了人们的生活习惯，同时也延伸出更多的营销方式、商业模式。其核心就是通过一系列的营销手段，如打折、促销、服务预订等手段，将线上的消费者引流到线下的实体店，消费者在线上购买线下的商品和服务，再到线下去消费体验。如图2-8所示。

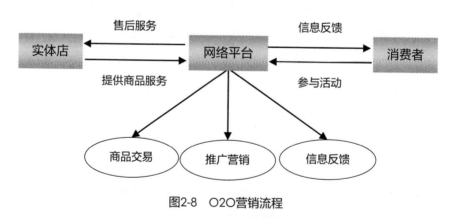

图2-8　O2O营销流程

按照O2O的商业定位，它不仅是一种营销方式，更是一种模式创新，只不过就目前而言很多企业对它的应用还远未上升到模式的高度。因此，很多人就对O2O形成了一种误解，认为O2O无非就是一种卖东西的手段。那么，我们该如何正确理解O2O这种新模式呢?

O2O在应用上大致可分为以下三个层次。

第一个层次：销售手段。如在线上团购电影票、团购餐饮消费券等，这种是O2O的最初级形态，属于电子商务的范畴。

第二层次：推广营销。即把O2O作为一种推广引流的方法，如商家在网络店推出代金券、打折卡，然后吸引用户到店消费。

第三层次：商业模式。如果围绕O2O深度策划出一种新的商业表现形式，那它就是商业模式。如尚品宅配旗下的新居网，是一个销售家具的网络商城，此商城也是典型的O2O，但是这个商城不是单单在线上吸引用户到店消费或是在线卖家具，它们是将线上线下深度融合，创造一种包括移动支付、线上体验在内的全新商业模式。

O2O应用的三个层面，最初级是卖东西，更深入的是营销推广，最高级是通过O2O创造一种全新的、线上线下的全闭环生态商业环境。

O2O的最大优势是将线上和线下完美结合到一起，借助移动互联网打破了传统的时间、空间限制，可以随时随地下单，给客户多种选择、多种体验，让消费者时时感受到生活的便捷、极致的服务。

第3章

七个策略
打造移动端社交营销体系

3.1 打造忠诚的粉丝

粉丝一词通常出现在娱乐圈，大红大紫的明星总会有不计其数的粉丝追随。然而，随着粉丝经济的兴起，企业需要粉丝，品牌也需要粉丝。一些知名企业、产品都有了忠诚的粉丝，如小米的米粉、魅族的魅友、华为的花粉……各种名目的粉丝层出不穷。事实上，也正是这些粉丝构成了消费的主力军，将企业营销推向了移动端社交营销时代。

3.1.1 没有粉丝，何谈营销

移动端社交营销时代是一个用户主导市场的时代，是"无粉丝不营销"的时代。粉丝是一个企业、一个品牌打开市场的基础，粉丝数量与忠诚度显示着品牌的号召力、质量高低。那么，粉丝的这种数量和忠诚度优势是如何表现的呢？最直接的就体现在传播力和消费力上，企业给粉丝创造产品和服务，而粉丝给企业带来的是庞大的市场和经济利益，这就是粉丝经济。

在粉丝经济中，粉丝由"被动接受者"转变为掌握营销与传播的"主导者""参与者"。逻辑思维创始人罗振宇曾说："未来的品牌没有粉丝迟早会死。"这句话一度被当作粉丝经济时代的至理名言。正如苹果、小米、魅族……它们之所以在智能手机领域长久处于领先地位，是因为拥有众多忠诚的粉丝，而且还善于管理粉丝，鼓励粉丝参与沟通与反馈。

换句话说，未来企业可以没有知名品牌，但必须有粉丝。没有知名品牌充其量企业知名度低一些、市场占有率小一些，但如果没有粉丝，则意味着企业产品彻底没有了消费端，失去了市场占有率。

> **案例**
>
> 很多人对曾经风靡一时的"偷菜"游戏记忆犹新，这款游戏叫开心农场，曾是开心网旗下的一款页面游戏。然而，却不幸成了粉丝"倒戈"的牺牲品。

> 开心网面对的主要群体是办公室白领一族，用户可在网站中发照片、写日记、发帖子，记录工作中的点点滴滴。当开心农场上架后在很短的时间内就吸引了这部分人群的关注，很多人成为其忠诚的粉丝，在工作间隙也要抽出时间"偷菜"，有的人甚至晚些睡觉、凌晨早起也要打开电脑，就是为了去偷别人的一两颗"菜"。"偷菜"游戏在获得大量吸粉的同时名声大噪。
>
> 然而好景不长，后来因游戏的创新不够，很多人开始对千篇一律的"偷菜"失去兴趣，甚至还产生厌烦心理，结果短短一两年时间大量玩家就流失了。玩家的流失不仅直接导致"偷菜"游戏衰落，也间接影响了开心网声誉。

"偷菜"这款游戏玩家之所以流失如此之快，追根究底是参与度低。开心网官方无法很好地了解玩家需求、反映玩家的真实需求，无法给玩家持续带来新体验。可见，没有粉丝参与，产品就会与用户需求脱节。

粉丝为什么会有如此大的价值？这些价值又是怎么产生的？粉丝的产生与互联网发展息息相关，是互联网时代特定的产物。换句话说，互联网是粉丝产生的"土壤"，如果没有互联网就没有粉丝。

互联网最伟大之处在于使信息互联互通，在信息与信息之间建立起这样或那样的虚拟联系，从而形成了一个个以网页为节点的信息网。同时，通过"超链接"、关注、分享以及各种形式的互动将信息分享、传播出去，这从客观上为人与人之间建立某种关系奠定了基础。

我们可以进一步推理分析，众所周知，大多数人使用网络时第一需求是获取所需信息，在信息的获取过程中，有着同样需求、同样兴趣爱好、同样心理倾向、同样行为习惯的人自然会类聚，建立更为紧密的关系，形成一个个"特定"的群体。如雷军、周鸿祎的粉丝大概是IT圈的；姚晨、杨幂的粉丝一定是关注娱乐圈的；韩寒的粉丝文艺青年较多；方舟子的粉丝科学爱好者居多。

> **案例**
>
> 微博，第一个以粉丝取胜的平台，它的粉丝大部分是其用户。微博的用户群很广，除了大量的个人用户外，很多是企业级用户，大到五百强企业，小到微型企业，甚至国家事业单位、国家机关都开通了官方微博。利用微博进行营销和推广，目的就是充分利用微博的粉丝扩大自身的影响力。
>
> 微博被认为是一个高度开放的自媒体信息平台，信息量大，种类多，而且很有特色，如内容极尽精要，140字的展示，又兼顾内容与人的关联等，可满足不同需求的人。同时，在平台上每个用户都可成为信息享用者、发布者。用户可通过关注、回复、@和话题、网页链接等与其他用户互动，微博上的这些互动，不仅仅是一种互动形式，它还代表着一种信任、关联、更加亲密的关系，这有利于建立起虚拟的人际关系网，这种人际网就是获得粉丝的基础。

讲了这么多，其实核心只有一个：互联网造就了粉丝，粉丝催生了粉丝经济。当然，本书重点是讲移动互联网，那么到了移动互联网时代，粉丝与粉丝经济的发展态势又如何呢？诸多事实证明，较之之前有过之而无不及。因为在移动互联网时代，粉丝的培养更加容易，管理成本更加低廉。

因为从本质来看，无论是之前的PC互联网还是如今的移动互联网，目的都是打造一个更为畅通的信息网，而人们无论利用哪一个，目的都一样，就是获取信息。只不过我们正处在一个信息爆炸的时代，信息的获取方式、途径会不断地发生变化，从而也有了PC互联网、移动互联网之分。

移动互联网兴起之前，人们通过PC端、电视、报纸媒体等单向获取信息，而移动互联网时代人们可以通过微博、微信、移动App随时随地进行双向获取，信息传播更加精准，获取成本更加低廉，这为企业培养、积累自己的粉丝提供了更为强大的工具。所以说，在移动互联网时代，更应该注重对粉丝的培养，利用粉丝的忠诚度来进行营销。

3.1.2 ▶ 做好粉丝营销的两个关键

粉丝成为很多企业十分看重的资源，而粉丝参与也成为企业市场决策的调节器，企业无论大小都希望借助这样的低成本资源获得营销上的最大收益，于是粉丝营销就产生了，并且在移动端社交营销中占据重要地位。

所谓粉丝营销，是指企业利用知名度或优质的产品拉拢庞大的消费者群体作为粉丝，利用粉丝相互传导的方式，达到营销目的的营销方法。与以往营销不同的是，在移动互联网时代，粉丝营销很重要的一个特征就是碎片化趋势更强。这就要求企业在做粉丝营销时注重内容、提升体验，千万不可认为做做活动、给粉丝点小恩小惠就够了。

具体可从以下两个方面入手，如图3-1所示。

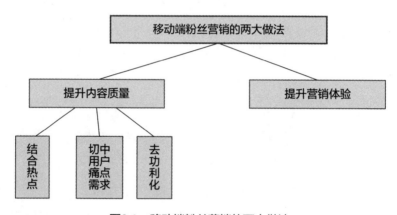

图3-1　移动端粉丝营销的两大做法

1. 提升内容质量

内容质量是开展粉丝营销首先必须解决的问题，即你通过活动向粉丝提供什么利益，是否满足了对方的需求。移动端社交营销中用户需求碎片化趋势更强，但信息量丝毫不能少，价值不能降低。那么，如何保证营销能最大限度地满足粉丝需求呢？

（1）结合热点

结合热点对提升营销内容质量能起到事半功倍的作用。有很多营销在内容中植入了社会热点、重大事件,保证内容的时效性,对用户有足够的吸引力。

> **案例** 某品牌电动车利用微信公众平台展开营销,在内容推送上便结合了娱乐热点。当时,《驯龙高手2》、《小时代》正在热映,于是文中便借用了这些关键词,这些娱乐热点令年轻消费者备感亲切,大大提升了文章的打开率、信息的曝光度。

社会热点、重大事件的作用不仅起到激发粉丝好奇心、关注兴趣的作用,更主要的是还可以培养部分用户的习惯,有利于忠诚度的提升。

(2)切中用户痛点需求

移动互联网时代人们的生活节奏加快,时间被划分成很多碎片式的,人们希望在碎片化的时间内获取有价值的信息。在这样的背景下,在内容输出时就要迎合碎片化阅读需求,将内容做得更加简单凝练,更便于检索和提取。

> **案例** 美丽说的QQ流量惊人,如果你仔细观察会发现,从美丽说QQ空间导入到官网的流量最少是每天在400万。美丽说QQ空间之所以有这么高的流量,主要是抓住了目标用户的痛点需求。
>
> 美丽说在自己的QQ空间中经常给用户提供类似服饰搭配的技巧,如图3-2所示,大大切中了用户的痛点。因为美丽说的核心用户是年轻职业女性,而爱美正是这一群体的最大需求,练就一手服饰搭配功力几乎是所有女性渴望的。家中衣柜里的衣服很多,每件拿出来也都特别漂亮时尚,但穿在身上就没那么完美了,原因就是不会搭配。
>
> 美丽说针对用户这些痛点需求适时推送相关文章,可以说是非常及时,能解决这部分人的穿衣困惑。这时再将推广新款服饰或欲推销的其他服装植入到所发信息中,就可将产品与用户新需求完美结合,

用户一边看文章一边了解新款衣服，又是一次天衣无缝的软文营销。

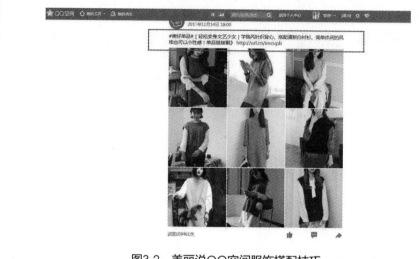

图3-2　美丽说QQ空间服饰搭配技巧

（3）去功利化

在信息过量的时代，如果过于赤裸裸地推广产品，最后很可能事与愿违。很多企业在拥有大量粉丝之后就想直接转化为利润，这未免有些过于急功近利。你想，粉丝传递的不仅仅是产品的功能、首发的新品，更要让他们了解企业文化、企业信息、品牌文化、企业的价值观等。

美国数字化专家尼葛洛·庞帝曾经说过："信息过量等于没有信息。"淡化产品信息之后，一定要换位思考，站在粉丝的角度考虑他们需要什么样的内容，在潜移默化之间传递产品或品牌的信息。

2. 提升营销体验

就品牌而言，要想从社交红利中获得商业利益，就不仅仅要考虑粉丝的数量，还要考虑粉丝与品牌之间的互动次数和品牌参与度。提升粉丝互动次数和品牌参与度的最好方法就是举办活动，活动的形式有很多种，交流性的、促销性的，线上的、线下的。

> **案例** 长安马自达发布了一个主题为"Live it 不辜负"的系列粉丝交流会。在全新沟通主题下，先后举办了一系列以粉丝、用户为参与主体的活动，如"Live it 不辜负 粉丝盛典""Live it 不辜负 粉丝沙龙"，颁布了"粉丝会员制度"。其中，"粉丝沙龙"是国内车企举办的首个用户峰会，全方位展示了长安马自达深耕粉丝群体、倾听粉丝心声的经营思维。

长安马自达的一系列活动在粉丝与企业之间搭建了一个沟通平台，从情感层面强化了用户、粉丝与品牌的关系。为什么活动可大大提升体验？最主要的就是可以让双方产生互动。互动是提升体验的秘诀，很多企业在吸引粉丝之后，只有内容推送没有互动，即使有也只是冷冰冰的机器语言，如自动回复等，结果往往适得其反。所谓互动，就是将粉丝当作一个有思考能力的真正的人来看待，充满了人文关怀，提升参与感。

对粉丝而言，参与其中可以直接提升体验，继而提升对品牌的忠诚度。对于参与感，雷军最有发言权，他曾经说过："从某种程度上讲，小米卖的不是手机，而是参与感。"实际上，参与感是提升品牌黏性和忠诚度的重要手段。为什么参与感如此重要？原因就在于在移动互联网时代，消费者的购买行为与传统的购买行为有很大不同，只有了解才能互动，只有互动才能分享，而分享才能带来新的销售力。

值得注意的是，参与的过程仅仅停留在线上是不够的，还必须走到线下，让粉丝多在现场参与，这是一种更加有效的互动方式，有助于提升粉丝的满足感。

3.1.3 ▶ 提升粉丝忠诚度的两种方法

在认识到粉丝对移动端社交营销的重要性之后，接下来就是想办法吸引粉丝、留住粉丝。吸引、留住粉丝重在管理，对粉丝进行管理通常有两个途径，如图3-3所示。

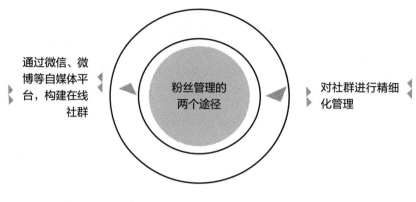

图3-3 粉丝管理的两个途径

1. 构建在线社群

普通消费者购买产品后绝大多数是独享。打个比方，王小姐买了一套化妆品，用后感觉很好，这时她可能认为仅仅自己感觉好就够了，很少甚至不会与周围的亲朋好友分享。而粉丝则不同，在使用感觉好之后会去分享，让更多的人知道，劝说更多的人去体验。

普通消费者与粉丝的这样一种迥异的消费状态，看似是习惯差异，实则是理念的差异。普通消费者在消费过程中是相对独立的存在，他们的理念就是自我消费；而粉丝的消费是一个群体相互交叉的过程，他们的理念是群体消费或者口碑消费。

粉丝有鲜明的群体特征，基本上都是以群体的形式存在，这是粉丝与普通消费者最大的区别，也是企业常常以社群的形式管理粉丝的原因，如海尔的"粉丝会"、海信的"信封俱乐部"、TCL的用户社区等皆是如此。而社群则是十分有利于口碑传播的，并可以形成二次营销和多次营销。因此，在粉丝的管理上必须想办法打造一个社群，做好社群运营。

值得注意的是，社群不同于普通的群，区别在于是否有一定的社交关系。社群=社交+群体，或社交平台+社交方式，就像在抖音、微博、微信或者其他社交工具上的群都是这样的，每个群背后都承载着多个关系网，有了社交的群才能称作社群。

2. 精细化管理

对粉丝的管理，除了建立社群外还需要实行精细化管理。如果说社群只是把粉丝"圈养"起来、储存起来，达到"量"的目的，那么精细化管理就是对粉丝进行"质"的提升，通过科学、有效的管理去伪留真、去粗取精。

（1）找准粉丝痛点需求

对粉丝进行精细化管理需要找准粉丝痛点，挖掘痛点需求，做痛点营销。痛点是一个人最迫切的需求，也只有满足一个人的最迫切需求，才能留住一个人。粉丝对某个品牌、产品的接受程度则正是基于自身某个痛点。

消费者在体验产品或服务过程中，如果没有达到预期就会造成心理落差或不满。这种落差或不满如果再始终无法得以解决，就会形成负面情绪，以至于心感觉到痛。痛点营销正是基于这种痛，给予粉丝最精准化的满足。所以，企业要构建让消费者足够满意和愉悦的痒点和兴奋点，然后再制造出一种痛点，让其感到不购买产品和服务就会有种"痛"，让他感觉不购买会后悔或不满等，这样能更好地激发消费者去购买你的产品的欲望，也就是达成企业营销的目的。

不过，人与人的痛点是有差异的，有的可能单纯对各类优惠活动有兴趣，有的则可能关注产品或者行业的信息，只有在运用中不断记录每个互动粉丝的偏好（也就是对每个互动粉丝进行标签标记），才能"投其所好"，通过粉丝的传播实现营销效果的最大化。

（2）做好数据积累和分析

精细化管理还需要注重各种数据的积累，做好数据分析。在微博、微信等自媒体时代，不仅需要对粉丝进行标签化，同时还需要记录下粉丝与官微（微博或微信）所有的互动数据，不仅需要知道是谁在互动，还需要知道他在什么时候与谁互动、互动了哪些内容等。

从这个层面看，精细化管理是一个不断优化的过程，为了得到更精准的结论，需要不断地做好数据积累、数据分析，不断测试，精准地为粉丝提供服务。比如，通过微博数据监测发现高知女性对产品的兴趣更高，那么，将来就可以主动提供与高知女性有关的内容和服务，提升高知女性的满意度，以争取这部分用户。

展开病毒式传播

企业打造忠诚的粉丝，最终目的就是为营销服务。而病毒式营销则是最大限度地利用起了粉丝的力量。利用粉丝强大的传播力让产品变得无处不在、人人皆知。多芬的案例就是这种力量的最集中体现。病毒式营销的杀伤力就在于让消费者自动传播病毒、感染病毒，通过相互传染主动对企业的产品产生购买兴趣。

3.2.1 ▶ 病毒式传播的概念及特点

病毒式传播源于病毒式营销，病毒式营销是移动端社交营销中又一种非常有效的营销方法。病毒式营销（viral marketing）依靠的就是病毒传播，是指利用粉丝的口碑进行传播的一种营销方法。在移动互联网上，这种"口碑传播"更为快捷，就像病毒一样迅速蔓延，而且会随着不断地扩散"感染"更多的受众。

> **案例**
> 多芬推出了一部视频短片——"我眼中的你更美"，并获得了戛纳国际创意节钛狮全场大奖。这部短片在传播上获得了巨大的成功。推出仅一个月浏览量就突破了1.14亿，380万次转发分享。与此同时，短片也引发了线上一系列讨论，出现了不少模仿视频，这大大提升了原视频的传播力度。结果，在短短的两个月内，多芬的YouTube频道新增了1.5万个订阅用户。

病毒式传播是一种高效的信息传播方式，而且这种传播是用户之间自发进行的，是一种性价比最高的移动互联网营销手段。一旦中毒人群达到一定规模,"病毒"本身所携带的产品和服务信息的作用就开始显现。受众一般都有爱屋及乌的特点,很自然地就会将自己对"病毒"的迷恋迁移到它随身负载的产品或服务中去,从而形成产品或服务本身的自然销售。

这也充分说明病毒式传播的优势所在,具体如图3-4所示。

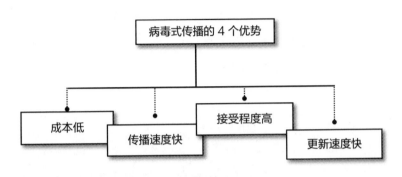

图3-4 病毒式传播的4个优势

1. 成本低

天下没有免费的午餐,信息在传播过程中通常需要支付一定的费用。之所以说病毒式传播是低成本的,主要是指它充分调动了大众的参与热情,大众参与得越多越广,成本就越低。因为,大众的行为都是自愿自发的,受信息的利益驱使自愿参与到信息的传播过程中。所以,这些原本应由商家承担的费用就转嫁到了目标消费者身上,从这个角度看,病毒式营销是无成本的。

目标消费者并不能从"为商家打工"中获利,他们为什么自愿提供传播渠道？原因在于第一传播者传递给目标群的信息不是赤裸裸的广告信息,而是经过加工、具有很大吸引力的产品和品牌信息,而正是这一披在广告信息外面的漂亮外衣,突破了消费者戒备心理的"防火墙",促使其完成从纯粹受众到积极传播者的变化。

> **案例** 网上盛极一时的"流氓兔"证明了"信息伪装"在病毒式传播中的重要性。韩国动画新秀金在仁为儿童教育节目设计了一个新的卡通

兔，这只兔子相貌猥琐、行为龌龊、思想简单、诡计多端、爱耍流氓、只占便宜不吃亏，然而正是这个充满缺点、活该被欺负的弱者成了反偶像明星，它挑战已有的价值观念，反映了大众渴望摆脱现实、逃脱制度限制所付出的努力与遭受的挫折。

流氓兔的Flash出现在各BBS论坛、Flash站点和门户网站，私下里网民们还通过聊天工具、电子邮件进行传播。如今这个网络虚拟明星衍生出的商品已经达到1000多种，成了病毒式传播的经典案例。

2. 传播速度快

传统媒体发布广告的营销方式是"一点对多点"的辐射状传播，其实根本无法确定广告信息是否真正到达了目标受众。而病毒式传播是自发的、扩张性的信息推广，它并非均衡地、同时地、无分别地传给社会上每一个人。通过这种类似于人际传播和群体传播的渠道，产品和品牌信息被消费者传递给那些与他们有着某种联系的个体。例如，目标受众读到一则有趣的flash，他的第一反应或许就是将这则flash转发给好友、同事，无数个参与的"转发大军"就构成了呈几何倍数传播的主力。

3. 接受程度高

大众媒体投放广告有一些难以克服的缺陷，如信息干扰强烈、接收环境复杂、受众戒备抵触心理严重。以电视广告为例，同一时段的电视内容有各种各样的广告同时投放，其中不乏同类产品"撞车"现象，这就大大减少了受众的接收效率。而对于那些可爱的"病毒"，是受众从熟悉的人那里获得或是主动搜索而来的，在接收过程中自然会有积极的心态，并且接收渠道也比较私人化，如手机短信、电子邮件、封闭论坛等（存在几个人同时阅读的情况，这样反而扩大了传播效果）。以上方面的优势，使得病毒式传播尽可能地克服了信息传播中的噪声影响，增强了传播的效果。

4. 更新速度快

网络产品有自己独特的生命周期，一般都是来得快去得也快，病毒式传播的传播过程通常是呈S形曲线的,即在开始时很慢,当其扩大至受众的一半时速度加快,而接近最大饱和点时又慢下来。针对病毒式传播力的衰减,一定要在受众对信息产生免疫力之前将传播力转化为购买力,方可达到最佳的销售效果。

需要注意的是,病毒式传播的"病毒"如果初期得不到大面积传播,其实也是正常情况,因为市场对一个新事物的接受总是循序渐进的,"病毒"的扩散也是一个逐步递增的过程,随着"病毒"一段时期的蔓延后,"病毒感染者"才会大面积地显现。

3.2.2 制造病毒,创建病原体

"病毒式传播"的核心是制造"病毒",创建有感染力的病原体,使其成为爆炸性的传播话题。病原体是病毒式传播的载体,只有有了好的病原体,受众才会真正接受你所传播的信息。

例如某款刚研发出来的Flash软件准备在市场上推广,于是创建了一个非常有趣的游戏画面,以吸引大众来了解和试用。这个游戏就是一个很好的病原体,人们试玩这个游戏时,如果感觉有趣就会把它转发给朋友,而朋友也会发给朋友的朋友。如果说病毒式传播就像滚雪球传播,那么,病原体就是最初那个最小的雪球,只有不断地滚动才能慢慢变大。

病原体有很多种,常见的有三个类型,如图3-5所示。

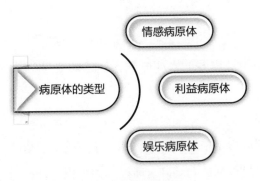

图3-5 病原体的类型

1. 情感病原体

即打情感牌，以情感为媒介鼓励消费者为品牌、产品宣传和推广。这种迂回策略更符合中国的文化，至少比较含蓄，不是那种赤裸裸的交易行为。我们中国人是最讲究情感的，自古就有优良的传统，诸如"滴水之恩当涌泉相报""投之以桃，报之以李"都是这个意思。因此，对于企业来讲要善于制造情感病毒，从消费者的情感需要出发，唤起和激起消费者的情感需求，诱导消费者心灵上的共鸣，寓情感于营销之中，让有情的营销赢得无情的竞争。

> **案例**
>
> 2016年里约奥运会，可口可乐主张将奥运精神回归到每个普通人的生活，再聚焦大时代背景下每一个为实现梦想而努力拼搏的平凡人和他们背后的支持者。在人人都想"赢"的当今中国，可口可乐借奥运重新定义"此刻是金"，无关成败胜负，那些不计成败地挺你、激励着你前行的人，这些人才是我们拼尽一切的原因！"金"是我们彼此支持的感动时刻！
>
> 那么，可口可乐这一全新的品牌主张，是通过什么营销手段传递出去的呢？那就是情感。可口可乐选择了与年轻人聚集的最大社交平台QQ空间进行合作，在QQ空间从亲情、爱情、友情等纬度，挖掘6.48亿用户十多年间沉淀的说说、空间相册及社交链数据，共同为每位空间用户打造了一场专属的"时光之旅"。

可口可乐在Q-zone 11年海量社交关系沉淀中激活用户和数据的力量，找到6.48亿用户生命中最重要的人和时刻，让"此刻是金"激荡出每个人的共鸣，引爆社交爆点。

2. 利益病原体

提到营销，利益肯定是最核心的，即一定要给予消费者一定的利益，即使是打情感牌也首先是以利益为基础。所以，如果想充分利用消费者的口碑，一定不要忘记必须先让对方受益,让对方感到你的产品能为他创造利益。当然,利益不一定是物质利益,而是多层面的,如做理财产品的可提供一些增值和省钱的建议,做保健养生的可宣传一些健康的理念和方法,都会受到消费者的认可。

3. 娱乐病原体

随着生活节奏的加快,人们工作、生活的压力越来越大,找个娱乐、消遣、放松的渠道,对现代人来说已经是最迫切的需求。

鉴于此,企业就将娱乐的元素或形式融入产品中,通过与消费者建立情感黏性建立联系,从而达到销售产品的目的。从情感营销的原理分析,其实这种娱乐营销本质上是一种感性营销,不是从理性上去说服客户购买,而是通过感性共鸣从而引发购买行为。如VIVO手机的营销模式就是一种娱乐化营销,从产品设计到营销推广无不打上了深深的娱乐和明星的烙印。

无论"病原体"最终以何种形式来表现,它都必须具备基本的感染基因。"病毒"必须是独特的、方便快捷的,而且必须"酷",并能让受众接受;且这种中毒必须是"自愿的",而不是强迫式,要让受众能够自愿接受并自愿传播,这也是病毒式存在的最基本条件,或者说病毒式传播成立的基础。简单来说病毒存在的条件可总结为两条,如图3-6所示。

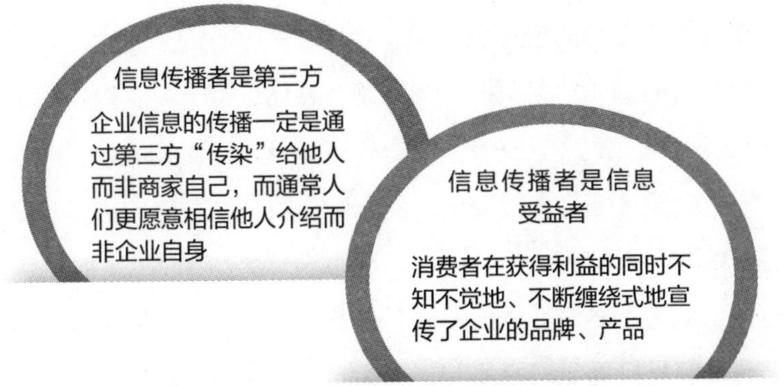

信息传播者是第三方
企业信息的传播一定是通过第三方"传染"给他人而非商家自己,而通常人们更愿意相信他人介绍而非企业自身

信息传播者是信息受益者
消费者在获得利益的同时不知不觉地、不断缠绕式地宣传了企业的品牌、产品

图3-6 病毒存在的两个条件

有了病原体并不就等于病毒传播成功，但是病原体是一个非常主要的前提。一个有效的病毒式传播是个完整的战略规划，病原体的制造只是其中一个方面，要想保证营销的真正执行，收到预期效果，还需要在病原体的基础上打造有利于病毒传播和扩散的渠道。

3.2.3 ▶ 发布病毒

在病毒式传播中除了制造病原体外，还有一点不可忽视，即向传播者提供便捷的传递信息的渠道。由于营销费用的限制，企业不可能将病原体全面去做推广和扩散，因此在设计病毒式营销方案之后，最关键的工作就是创建"病毒"感染途径，打造畅通无阻的传递渠道。

结合我们这本书的重点——移动互联网，所以最主体的渠道还是移动端，要充分利用现有的移动端通信网络资源，如社交平台，然后在此基础上再结合传统互联网渠道、线下渠道等进行传播。

1. 社交平台

社交平台是移动端社交营销中不可或缺的一部分，由于具有多种优势，也就成为了现代企业营销的首选。上面提到的可口可乐利用QQ空间传播品牌理念便是一个典型例子，其实类似的例子还有很多，例如在微信、微博、QQ、短视频直播平台以及各种App上展开病毒式传播。

2. 平台中有影响力的人或意见领袖

所谓有影响力的人或意见领袖是指在某一领域、某一行业内比较有威望、有影响力的人。发布"病毒"应该优先选择这部分人，使其成为"病毒"的首批"感染者"。只要这部分人接受了，就意味着很多潜在的人可以接受，因为他们背后各自站着一大群人。

不过有一点至关重要，"意见领袖"并非选择购买产品的目标消费群体，而是选择那些最容易接受"病原体"并感染给其他人的先知先觉者。

通常确定目标群体并使其感染上"病毒"通常需要以下3个步骤。

（1）播种产品和相关信息（即病原体）。

（2）开展关于生活方式的活动，或者在带头人的引导作用下进行市场活动。

（3）用传统的媒体沟通方式加强传话，并引起人们的关注。

3. 利用大众的公共的积极性和行为

移动端社交营销，核心就是利用移动设备展开的营销，但并不意味彻底放弃其他途径，尤其是对大众依赖性比较强的病毒式传播、口碑营销，要想收到好的营销结果，往往都是多种途径齐头并进。因此，我们在做病毒式传播时除了利用线上资源外，还需要通过有效的线下渠道为"病毒"预埋管线。

第一，就是利用公众的积极性参与行为，让"病毒"很容易从小到大规模扩散，在消费者日常生活中频繁出现，潜移默化地影响消费者。在日常生活中开展无指向性的宣传，通过赞助各项活动、举行专题研究会、进行产品和服务公益展示、加入行业联合会等途径来影响消费者。

第二，善于利用大众的资源进行信息传播。病毒式传播是通过利用大众的资源和人际网络，让营销信息像病毒一样传播和扩散，营销信息被快速复制传向数以万计、数以百万计的受众。

病毒式传播中的"病毒"是有一定界限的，超出这个界限就会变质，成为毒害粉丝的真病毒。为了防止"病毒"变质必须给病毒加以限制，即经常更新，赋予"病毒"自我激活的能力。

在这一点上腾讯是做得比较成功的。

案例

很多人是通过QQ认识腾讯的，尤其是最早的一批网民，很多人不知道腾讯的存在，但一定知道QQ。腾讯正是通过QQ这个病原体，迅速获得了大量的网民，接着利用已有的用户基础，相继开发出网络广告、网络游戏、网络课堂等很多周边产品。

当然，QQ作为腾讯的病原体也不是一成不变的，QQ在二十多年间进行了很多革新和新的尝试。初期，腾讯在各大主流网站上建立了

> 链接和QQ软件下载,并号召Q虫们"别Call我,请Q我",随后通过QQ文化的建立和传播,提倡QQ一族建立自己的网上社区,让QQ族有更强烈的归属感。

在病毒式营销中,"病毒"的周期非常短,需要经常更新,否则,受众会对"病毒"产生免疫,一旦产生免疫,营销效果就会大打折扣。仍以QQ为例,每当QQ推出新版,QQ族们都会因为新功能的上架而疯狂追逐,但很快就会感到厌倦,如果在用户感到厌倦时不及时进行版本升级,QQ族群就会慢慢流失,"病毒"的"乘数效应"也会开始递减。

3.3 缔造良好的口碑

有调查发现,77%的网民在线上消费前,都会参考该商品已购买者的评价。在网络营销中,评价就是一种口碑,无形中传播着产品,影响着消费者的购买决策。口碑传播与病毒式传播本质上是一样的,但侧重点不同:病毒式传播注重的是"病毒"本身,重点在传播源的打造上;口碑传播注重的是大众的口耳相传,重点在信息的传播过程上。

3.3.1 口碑传播的概念与特点

口碑传播是传播学上的一个概念,本是指口口相传引发的一种社会效应。只是企业在利用这种效应进行营销后就形成了一种营销方法:口碑营销。对于口碑营销的概念,商业领域比较一致的看法是:由于消费者在消费过程中获得了满足感、荣誉感,进而对外进行递增宣传的过程。

随着时代的进步,口碑传播途径也在不断地发生着变化。传统的口碑是指通过朋友、亲戚之间的口耳相传。现如今随着互联网尤其是移动互联网的发展,口耳的作用逐渐弱化,取而代之的是各类网络平台,网络传播口碑效应变得更强大、更便捷。

口碑传播与其他传播渠道相比，有无法比拟的优势，最大的特点是每个传播者都可成为相对独立的个体。传统口碑营销中传播者、消费者、传播媒介之间界限十分明确，即某一信息由传播者发出，通过媒介的传播才能到达消费者手中，这是一个相对稳固的链条。而在互联网时代，传播者、消费者、传播媒介三者的界限逐步模糊起来，一个人既可以是信息的传播者，也可以是消费者，而传播媒介更是掌握在用户自己的手中，可以充分地根据自己的需求发布和更新内容。

也正是因为如此，企业与企业之间在享受用户资源上更加"平等"，无论是万达这种行业大佬、阿里巴巴这种互联网龙头，还是淘宝商家、微信平台上的一个小微店，都可在同一个层面上享受资源。

口碑传播的另一个优点是网状式的传播形式，信息可在用户群体中快捷、高效地传播。消费者在消费前都会不同程度地受到周边人，如家人、朋友、同事或同学等的影响，如果从信息渠道的角度来说，口碑传播是一个被消费者经常使用且深得消费者信任的渠道。

最后一个优势是，信息可在传播者和被传播者之间不时地转换。也就是说，信息的发布者既是消费者，消费者也是信息的发布者，而这种非正式的、平等的信息交流过程就是信息的传播过程。

3.3.2 ▶ 引发口碑传播的五个策略

口碑传播，顾名思义就是通过大众的口碑达到传播的目的。但是如何获得大众的良好口碑，并让他们自动自觉、心甘情愿地去传播呢？这就要求企业所提供的产品或服务要足够有价值，能够实实在在地让用户受益。

因此，做口碑传播最核心的工作就是做高质量的产品或服务，引发大众去扩散传播。通常来讲以下五个做法可引发良好的口碑传播，如图3-7所示。

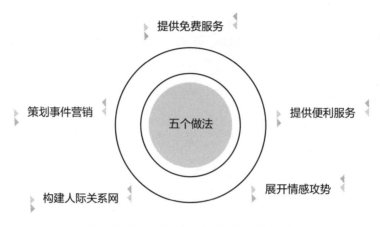

图3-7 引发良好的口碑传播的五个做法

1. 提供免费服务

一些大型网站或公司提供免费的二级域名,如免费空间、免费程序接口、免费计数器等资源,这些资源中可以直接或间接地加入公司的链接或者其他产品的介绍,还可以是广告。特别是现在推出的窄告,很适合放在这些免费资源中。由于这些服务都是免费的,对用户有着很大的吸引力。另外,当用户自己在使用并对外宣传的时候,就也为提供该服务的公司做了免费宣传。

2. 提供便利服务

便利服务不像上面的免费服务一样需要太大的财力物力,比较适合小公司或个人网站。在网站上提供日常生活中常会用到的一些查询,如公交查询、电话查询、手机归属地查询、天气查询等,把这些实用的查询集中到一起,能给用户提供极大的便利,会得到用户很好的口碑,也就能很快地在网民中推广开来。

3. 展开情感攻势

每到节日时可以通过QQ、微信、陌陌、抖音、E-MAIL等向朋友发一些祝福,后面配上网页地址或精美图片,由于节日里大家都很乐意收到来自朋友的祝福,一传十十传百,一个口碑链就这样形成了。

4. 构建人际关系网

社会学家指出，人际关系网是由家庭成员、朋友或同事构成的，我们每个人都生活在人际关系网中。移动互联网时代，一个人处在虚拟的人际关系网中，人际关系网空前放大，而且由于职业、社会地位、个人魅力的不同，相互关联的可能有几百人，甚至数千人。企业要充分认识虚拟社会中这些人际关系网的重要作用，通过口碑传播把自己的信息置于各种关系之中，从而迅速地扩散出去。

5. 策划事件营销

策划运作一个大范围或局部（或行业范围、圈子范围）轰动的事件，促使人们热议，或借用本有热点话题演变作二次传播成为变种之事件，其特征在于迎合时代人的心理需求，如好奇、欲望、需要、贪念等。

3.3.3 ▶ 策划口碑营销的五个关键点

1. 创意要独特

最有效的口碑营销往往是独创的。独创性的计划最有价值，跟风型的计划有些也可以获得一定效果，但要做相应的创新才更吸引人。同样一件事情，同样的表达方式，第一个是创意，第二个是跟风，第三个做同样事情的则可以说是无聊了，甚至会遭人反感，因此口碑营销之所以吸引人就在于其创新性。在方案设计时，一个特别需要注意的问题是：如何将信息传播与营销目的结合起来？如果仅仅是为用户带来了娱乐价值（例如一些个人兴趣类的创意）或者实用功能、优惠服务，而没有达到营销的目的，这样的口碑营销计划对企业的价值就不大了；反之，广告气息太重，可能会引起用户反感，影响信息的传播质量。

2. 对信息源和信息传播渠道进行必要的设计

虽然说口碑营销信息是用户自行传播的，但是对这些信息源和信息传递渠道需要进行设计。例如要发布一个节日祝福的Flash，首先要对这个Flash进行精心策划和设计，使其看起来更加吸引人，并且让人们更愿意传播。仅仅做到这一步还是不够的，还需要考虑这种信息的传递渠道，是在某个网站下载（相应地在信息传播方式上主要是让更多的用户传递网址信息），还是用户之间直接传递文件（通过电子邮件、即时通信等），或者是这两种形式的结合？这就需要对信息源进行相应的配置。

3. 信息的发布要有技巧

信息的发布并不是发出去就完事了，还需要掌握技巧。不要看口碑传播最终的范围很广，但最先都是从比较小的范围内开始的。如果希望口碑营销可以很快传播，那么必须先着眼小范围的传播，做好小范围传播的工作。如认真筹划原始信息、优化发布流程和途径、对最先传播者进行激励等，以保证原始信息发布后马上被用户发现并自愿自发地传播。

例如，有些运营比较好的网络社区会通过多种措施吸引用户关注，目的就是激发出用户转发、分享的欲望，以达到用户自动自愿传播的目的，当自愿参与传播的用户达到一定数量之后就会形成自然传播。

4. 圈定传播者

口碑传播，由谁来传播是传播的关键，即要找准传播者。通常来讲，口碑传播者有三大类，如图3-8所示。

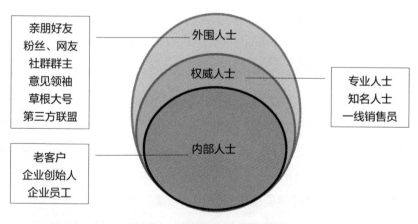

图3-8　口碑传播的三类传播者

处于最核心圈层的内部人士是首选，也是必选；而后是行业内外的权威人士；最后的选择才是团队影响者，但这并不意味着不重要，由于团队影响者数量大，人际关系网广，起决定作用的往往是处于第三圈层的人。

（1）内部人士

口碑传播大使包括优质老顾客、创始人和员工三种。

首先是优质老顾客，优质老顾客虽然人不多，但贡献极大。如笔者在从事母婴行业时，当时20%的老顾客贡献了80%的营销收入，而且55%的新顾客是老顾客推荐而来。笔者之前负责的化妆品行业、一号店、Y+Yoga等大部分的新顾客都是老顾客推荐。与其花600万元请明星代言，不如花60万元围绕老顾客做口碑。

互联网时代，口碑传播大使不能忘记创始人，2015年美国CEO.com上面有篇文章是"每个CEO都要成为企业家网红"，雷军、周鸿祎、罗永浩经常演讲，再想想曾经很红的黄太吉、雕爷牛腩创始人是不是通过这种创始人网红的方法迅速让自己的品牌在全国出名？这里，笔者更建议做的不是创始人网红，而是"创始人精神"，创始人能最有远见地制定企业的使命、愿景、价值观，也能洞察行业发展趋势，定义出不同于竞争对手的用户体验。

当前时代，企业的创始人必须带头宣传本企业，一方面通过网络让更多人及时了解企业和产品的独特优势，培养品牌知名度和美誉度；另一方面，创始人出席的场合往往更能引发媒体报道，无疑可以为品牌节省很多广告费用。当用户认可了创始人和企业文化价值观，那么就很可能从行动中支持新产品。

当然，员工也是口碑传播大使，衡量一个公司有没有前途可以看有多少员工自豪、积极地分享自己的产品。如果连自己的员工都不参与，即使企业花了巨资营销，效果可想而知。

（2）权威人士

权威人士主要包括专业人士、知名人士和销售员三种。

专业人士是指对商品和服务具有权威评价资格的人士，在其专业领域里就是意见领袖，比如牙医、营养学专家、评价家等，大家都很信任他们，这就是佳洁士要通过牙医来宣传其品牌、小米手机营销要动用手机发烧友的原因。

而知名人士，他们在大众媒体很知名，无论公私行动都引人关注，如演员、歌手、作家、运动员等，名人如成龙、范冰冰、刘翔、莫言等。判断是否知名人士很容易，就是那些他们外出需要戴口罩和墨镜的，他们对某产品的认可和追随会影响一大批支持者和粉丝。

权威人士也包括一线销售人员，他们具有本产品的专业知识，如一线营业员、理财师等。亨得利盛时表行的钟表管家系统使得全国6000个一线员工可以在手机端开设自己的商城，集团供货，员工自由选货上架，顾客下单，店员赚佣金。

（3）外围人士

团队影响者主要指在职场、学校、社团社区等团队中有很强影响力，并且在新信息的最初阶段就对它有所反应的人。主要包括亲朋好友、相同经历的网友，如消费者中的评论者；社群群主，比如微信群主、论坛版主、草根大号；育儿、旅行等兴趣小组主持者、第三方联盟等。

想想你在大众点评选择餐馆和在天猫上购物时候的那些来自网友的好评吧，你还能忽视这些团队影响者吗？他们在某一领域中有特定权威性或者有相当不错的见地，他们推荐的产品往往能给企业品牌带来很多流量和转化率。

他们有的是记者编辑，有的自己开设了个人公众号、微博或博客，有的混迹于知名论坛如知乎，有的在视频直播平台如映客、秒拍等展示。他们所发的内容一般出于自己的专业、兴趣爱好和亲身感悟，比如烹饪、摄影、旅游或是专业互联网领域文章等，他们往往对于某些品牌有强烈的认同感。随着社会化媒体的发展，这类人会越来越多，他们是一群活生生的展示个性的影响者，这些人是企业品牌良好的传播者。

5. 及时对营销效果进行跟踪和管理

当口碑营销方案设计完成并开始实施之后（包括信息传递的形式、信息源、信息渠道、原始信息发布），虽然对于口碑营销的最终效果实际上自己是无法控制的，但并不是说就不需要进行营销效果的跟踪和管理，实际上，对于口碑营销的效果分析是非常重要的，不仅可以及时掌握营销信息传播所带来的反应（例如对于网站访问量的增长），也可以从中发现这项口碑营销计划可能存在的问题以及可能的改进思路，将这些经验积累起来，可以为下一次口碑营销计划提供参考。

 构建稳固的社群

在用户获取日益困难、用户流失愈来愈多的今天，企业想加重竞争砝码，就必须在用户互动和关系管理上注入情感和温度。粉丝是社交媒体上最稳固的资源，而社群是稳固这些资源不流失的根本。

3.4.1 ▶ 社群的概念及特点

前节提到的无论是病毒式传播还是口碑传播，都是依赖于粉丝进行传播的，但每个粉丝都是一个相对独立的个体，仅靠一个或几个粉丝的自发行为还不够，要想达到更好的效果还需要对他们进行集中管理，这种管理模式就是构建社群，社群可以让群体行为更统一，指向性更明确，在最短时间内达到预期目的。

自从有了网络，我们每个人都处在不同的社群中，刷朋友圈、聊QQ、看直播……，我们时刻处在一个个这样或那样的社群中。最早的社群是BBS，是以区域、兴趣、组织为串联，以发帖、跟帖为互动形式的社群，曾聚集了一大批兴趣爱好者，发起人通过发帖引发参与者的讨论。

随着时代的进步，社群的形式也在不断变化。社群最初是从2002年开始出现的，最早的是论坛，后来的是NS、博客、QQ、微博，直到现在的微信、抖音，以及诸多直播短视频、自媒体，多种形态的社群层出不穷。尤其微博、微信、自媒体等移动化的社群的出现，使得传递信息和分享内容的方式已经完全发生了改变。这些社群均具有百万级的用户量，而且用户的黏性非常高，社交群就逐渐演变为商业社群。

案例

OPPO的营销就是社群营销，从产品设计到营销推广无不打上了深深的社群烙印。微博作为明星热点事件爆发得最快最集中的社交媒体，往往可以对社群营销起到推波助澜的作用。OPPO抓住了粉丝的兴趣点，通过微博发布了多款粉丝定制版手机，其中"充电五分钟通话两小时"的R7只定制了500台，李易峰签名的定制版手机在微博上带来85000台的订单；2016年OPPO推出"柔光双摄"的R9，定制版的10000台手机在微博上也被抢购一空。

"OPPO将品牌、明星、粉丝紧密地联系在一起，成功地将明星粉丝转化为品牌粉丝，实现了品牌的粉丝经济。"微博副总裁王雅娟评价。

OPPO的成功案例对于企业社群营销具有借鉴价值。OPPO抓住了粉丝娱乐的核心，通过粉丝追捧的明星作为切入点，推出各种定制版手机，让明星去带领粉丝消费，这种方式在年轻消费者当中取得了极大的成功。那么什么是社群？社群是网络社交群体的简称，通常是指在特定网络平台形成的虚拟群体，如罗辑思维、吴晓波频道、年糕妈妈、一条、铁血论坛、宝贝树等，腾讯QQ群、微信朋友圈等。

随着移动互联网的兴起，社群越来越受到重视，社群本身也呈现出新的特征，如功能定位从单纯的社交平台向社交+商业两栖功能转变发展，信息交互由单向传播向双向互动转变，内容也由商家直接供应向以用户为主的提供转变，这些新特征使企业在营销时开始注重社群。

目前，社群主要有两种，一种是产品型社群，一种是兴趣型社群。产品型社群以小米社群、哈雷摩托等为代表，源于用户对产品的喜爱和发烧友积极地参与产品相关话题的讨论与传播，组织形式有线上和线下，商业变现能力比较强；而兴趣型社群更为常见，例如铁血论坛、旅游吧等，跨越地域的兴趣型社群黏度比较弱，商业化的能力也比较弱。

社群是一个天然的客户关系管理系统，通过社群可对用户进行高效的管理，这是社群营销的最大特点。具体体现在用户可以对企业的决策、营销方案、品牌、产品等信息传播进行集中讨论，并迅速作出反馈。如一个广告投放出去，采用传统营销渠道是很难看到用户反馈的，或者有反馈也是单向的或不即时的，造成的后果是即使企业发布了广告或者信息，也难达到预期效果。但有了社群，企业可将用户放在社群里集中管理，并通过社群打造更好的互动场景，使企业和用户有充分的交流机会，从而为决策优化、问题的解决奠定基础。

3.4.2 ▶ 社群的优势

消费者已经从电视、报纸迁移到互联网，从互联网迁移到移动互联网，又从门户网站迁移到社群，对于企业营销而言，这既是一个巨大的挑战，也是一个千载难逢的机会。基于社群来管理粉丝或者利用社群来辅助粉丝管理有很多优势，最大的优势就是供求更对称、粉丝之间更易建立信任，强化对产品的黏性。社群传播的优势具体体现在以下五个方面，如图3-9所示。

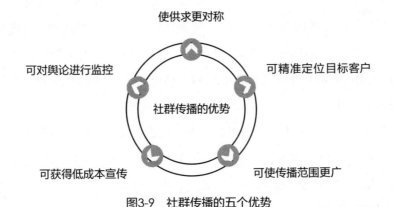

图3-9　社群传播的五个优势

1. 使供求更对称

社群可使营销供求更对称，消费者出现在哪里，企业营销活动就会出现在哪里。如社群出现之前，优质的媒体资源基本上被电视台、广播、报纸、门户网站垄断，企业重大营销活动基本上只能借助上述媒介进行扩散。但这种供与求很难保持一致，虽然在电视上、广播上投放了广告，但针对的群体是不特定的，甚至不知道有没有人能看到、听到。

当微博、微信等社交平台出现后改变了这一现状，微博、微信现场播报、文字+图片+视频+音频的方式，使广告传达及时、迅速到达特定人群那里，设置可以一对一地精准推送，这也是为什么微博、微信会成为很多人获取资讯的第一阵地。由此可见，就媒介性质而言，社群是企业最佳的宣传阵地，这个资源是源源不断的，是可以有效控制的，是零成本的。

2. 可精准定位目标客户

社群可使具有相同兴趣或相似需求的人最大限度地集中在一起，这是一个自动搜索的过程，并不需要付出太大的成本。如移动互联网基于地理位置的特性，可搜集很多有价值的用户信息，包括年龄、性别、地址等表层信息，也有很多极具价值的信息。企业可通过这些信息进行分析，有效地判断出用户的喜好、消费习惯及购买能力等。

3. 可使传播范围更广

社交性媒体传播如同核裂变式地扩散、蔓延，企业一旦发布有价值的信息，就有可能被众多粉丝自发转播，然后粉丝的粉丝再继续传播，就像滚雪球一样越来越大，而这些粉丝或者与粉丝相关的人很可能就是潜在消费者。如此，每一个粉丝都可能成为一个小小的广播电台，将企业发布的资讯不断传递，直至最终衰减。

而在传统传播模式下，既费时、费力、费钱，又有可能造成很大误差。老客户帮忙拉新客户，尽管也给予一定的激励措施，但实际操作起来却不太容易。这就是社交性媒体营销能在短时间内获得如此大的成绩和影响力的原因。

4. 可获得低成本宣传

利用粉丝的力量可以以很低的成本组织起一个庞大的粉丝宣传团队。那么，粉丝到底能带给企业多大的价值呢？如魅族手机现在有着庞大的粉丝团队，数量庞大的魅友成为了魅族手机崛起的重要因素，每当新手机有活动或者出新品，总有一些铁杆魅友奔走相告做宣传，这些铁杆粉丝就是意见领袖，具有很大的号召力，而这些几乎是不需要成本的。

5. 可对舆论进行监控

社群最后一个优势是通过大数据特性帮助企业低成本进行舆论监控，这主要表现在企业危机公关时。因为任何一个负面消息都是从小范围开始扩散的，只要企业能随时进行舆论监控，就可以有效降低企业品牌危机产生和扩散的可能。

在社群出现以前，企业想对用户进行舆论监控的难度是很大的，而现在利用社交媒体解决危机公关已经得到了广泛认可。

3.4.3 ▶ 常用的社交平台

社交平台是社群的载体，社群的存在必须依赖于特定的社交平台。因此，构建一个社群首先要确定在哪个平台上，甚至精通该平台的运营规则、方法和技巧。移动互联网时代常用的社交平台有微博、微信及微信公众号、手机QQ以及各种移动App、直播平台、自媒体等。

1. 微博

微博是PC端最重要的一个社交平台，随着移动设备的普及，越来越多的人养成在移动端使用的习惯，在手机端玩微博逐渐取代了PC端。据统计，截至2018年6月，微博月活跃用户数超过4.31亿人，移动端占比竟高达93%。移动端微博不仅仅是一个社交工具，它的商业价值也很大。

因此，对于企业来讲，必须抓住移动端微博这个流量口，打造一个能体现企业价值和特色的微博社群。在具体打造上可按照下面10个方法去做，如图3-10所示。

（1）提供有价值的信息

欲打造一个富有特色的微博社群，需要向用户持续提供有价值的信息。现在很多企业的官方微博整体质量不高，除一些基本信息介绍、产品服务介绍、产品销售之外，有价值的信息不多。有的企业为吸引用户，干脆将微博打造成一个产品促销平台,常常为用户提供一些限时抢购、优惠券、赠品等,但谁也不可能每天有奖品赠送、礼品奉送,即使每天都有,最终留下的也都是些领奖专业户,对企业、对品牌没什么实际促进作用。

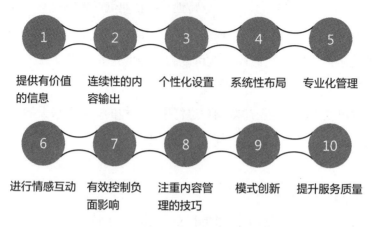

图3-10 打造微博社群的10个做法

因此,企业在打造微博社群时首先需要改变对微博这个平台价值的认识,并非只有物质奖励才可以吸引用户,关键是提供的内容要有价值。比如,可以提供给用户感兴趣的相关资讯、常识、窍门,也可以以微博为媒介,链接众多目标客户,如俱乐部、同城会等。同时,将线上与线下打通,让微博有更多实际作用,这样才能构建一个拥有高忠诚度与活跃度的微博。

微博对用户越有价值,对其掌控力也就越强。其实,微博的运营真谛即是价值的交换,在这个过程中各取所需、互利双赢,只有这样才能长久。

(2)连续性的内容输出

微博像一本随时更新的电子杂志,只有定时、定量、定向发布信息,才能留住用户。假如,某个用户登录你的微博后,想看看有什么新动态,却发现内容非常散乱,瞬间就没有了看下去的兴趣。

定时、大量地发布内容在微博运营中非常重要:第一,提高曝光度,争取到微博首页推荐的机会,至少不会被其他微博快速淹没;第二,经常出现在用户面前,久而久之便可养成他们定期关注微博的习惯。

需要注意的是，微博定时、大量地发布一定要保证质量，因为大量低质量的博文会让用户失望。一个缺乏有价值信息、多是垃圾内容的企业微博，不仅达不到传播的目的，还很可能被不胜其烦的用户删除，或根本就不会有人关注。

（3）个性化设置

你的微博必须给用户一种像是有情感、会思考的人一样的感觉，有自己的特点个性，切忌做成官方发布消息那种冷冰冰的模式。当用户觉得你的微博类似官方网站那就是不成功的。微博从功能层面要做到差异化，在感性层面要塑造个性，这样的微博具有很高的黏性，可以持续吸引用户的关注，因为此时的你有了更独特的魅力，不可替代。

（4）系统性布局

运营任何一个社交平台都需要系统布局，单纯当作一个点子来运作很难。微博之所以对大多数企业来说效果有限，就是因为被很多企业当作可有可无的东西在做。微博作为一种社群平台潜力十分巨大，关键是要系统布局。

> **案例**　戴尔电脑公司坚信微博可以创造更高的销售量，于是把微博营销纳入经营模式中，从战略高度去挖掘网络销售的潜能。在Twitter上，戴尔公司@DellOutlet这个专门以优惠价出清存货的微博目前已经有近150万名关注者，通过这一渠道卖出的电脑、计算机配件和软件，已经让戴尔进账650万美元以上。戴尔微博营销的成功，原因在于他们能够站在战略高度去系统布局。

（5）专业化管理

微博定位专一很重要，但是专业更重要。同市场竞争一样，只有专业才可能超越对手，持续吸引关注目光，专业是企业微博重要的竞争力指标。

微博不是企业的装饰品，做不到专业只能陷于平庸。很多企业对于博客和微博不屑一顾。虽然现在很多大企业已经意识到微博营销的重要性，设置专人进行更新维护，但是更多的企业还没有这种意识。因此，对于规模较大的企业应该设置专人负责，可以由企划部文案、策划人员负责，有内刊的企业则由内刊编辑负责。规模较小或没有这方面能力的企业可以委托专业公司代理维护。

（6）进行情感互动

互动是使用户持续关注微博的关键，拥有一群不说话的粉丝是很危险的，因为他们慢慢会变成看客，直至最终离开。

关于互动，目前最常用的方式是"活动+奖品+关注+评论+转发"，实际上这种效果并不好，绝大部分人只关注奖品，对企业宣传内容并不关心。相较于这种方式，认真回复用户的留言并让其感受到你的诚意，更容易唤起他们情感上的认同。这就像是朋友之间的聊天一样，诚意越足越容易产生一种微妙的情感连接，这种联系才持久而坚固。

（7）有效控制负面影响

微博是一柄双刃剑，既然决定拿起这把剑，就要谨慎并用心去经营。这是因为微博的传播规模和传播速度非常惊人，传播速度之快、传递规模之大屡屡创造出惊人的曝光量。这种曝光既有正面的也有负面的，负面的要尽量避免，对过程进行积极引导。毕竟网络平台的开放性、参与性都非常强，任由网民表达主观意愿往往会导致事态难以掌控；对于互动对象的举动与反馈也不可掉以轻心，否则极可能产生"蝴蝶效应"的后果。总之，微博作为企业与用户之间的一个"零距离"接触平台，负面信息很容易传播开，会给企业带来不利影响，必须对微博这柄双刃剑进行管控。

（8）注重内容管理的技巧

企业开通微博不是为了消遣、娱乐，而是创造价值，任何商业行为都追求相应的回报，担当社会使命。因此，企业微博的经营单纯在内容上传递价值还不够，还必须讲求一些技巧与方法。

比如，话题的设定如何引导粉丝参与就很重要。提问性的或带有悬念的博文，引导粉丝参与就容易得多，浏览和回复的人多，也容易给人留下深刻印象。反之，如果仅仅是新闻稿一样的博文，就算是粉丝想参与都无从下手。

（9）模式创新

微博有非常高的扩展性，因此，微博营销向来具有很大的发展空间。抓住机会，积极创新，就可以从中轻松获益。国内外很多企业已经利用微博取得了显著成效，如凡客诚品、戴尔、星巴克等。企业要多参考、借鉴这些成功案例，再结合企业自身特点与客观实际进行创新。

> **案例**
>
> 2018年国庆节前夕，支付宝在微博发起锦鲤抽奖活动，这个活动在微博用户中曾经引起不小轰动，用户纷纷留言和疯狂转发。由于官方延后透露具体的奖品，反而激发了大多数人的参与热情。不少人在评论区留言猜测奖品到底是什么，同时也转发给亲朋好友参与。活动发布6小时后转发量就高达百万条。再加上诱人的奖品（支付宝官方透露，奖品品类很多，涵盖国庆期间的吃喝住行等多个方面，而且价值不菲），这场活动迅速成为微博的热门话题。
>
> 星巴克在微博上推出自带环保杯可以免费获得一杯咖啡的互动活动，活动非常成功。网友纷纷上传自己领到免费咖啡时的照片，数以百万计的传播为星巴克的品牌形象做了一次宣传。这些企业都在积极探索微博营销的道路，也都从中取得了不错的收益。

（10）提升服务质量

微博是一个营销平台，同时也是一个服务平台，企业要尽可能通过微博为用户打造良好的服务，如作为售前咨询、售后服务的窗口。在企业内部，管理者可以通过微博了解员工心声等。美国前总统奥巴马就把微博应用在了政治领域，其在竞选总统时用微博为自己拉来了大量选票。

2. 手机QQ

QQ是我国最大的IM软件，网民必备的社交工具之一，注册用户已经超过10亿人，同时在线用户突破2亿人。用户覆盖率如此之大、用户如此集中的平台，从营销传播的角度来说效果一定会很好。再加上随着移动互联网的发展，QQ移动化的趋势日益增强，很多用户放弃PC端转向移动端使用手机QQ。因此，利用QQ进行移动端社交营销的优势愈发增大。手机QQ营销的优势具体如下。

（1）易于操作

与其他营销工具的繁杂程度相比，手机QQ使用起来更加便捷，只要下载手机QQ客户端即可随时随地使用，使用方法与PC端相同，且所有的操作可以与PC端保持同步。

（2）近乎零成本

手机QQ推广起来也非常简单，准备一部智能手机，利用原有的QQ账号或新申请账号皆可以操作。申请QQ会员（每月10元）都已经算是大投入了，与其他动辄几十万上百万元的营销项目相比，几乎是零成本。

（3）持续性好

由于手机QQ推广的第一步是先与用户建立好友关系，所以我们可以对用户进行长期、持续性推广。这个优势是其他营销推广方式所不具备的。比如网络广告，根本不可能知道是谁看了广告、是男是女、叫什么名字，以及看完后有何感受。而在手机QQ上则可以明确地知道用户是谁，可以第一时间获得反馈。

（4）效率高、方法多

手机QQ推广良好的精准性、持续性，使其转化率高于其他平台，大大节省了时间与精力，提升了工作效率。另外，利用手机QQ营销的方法相对比较多，可以展开多种形式的营销，如一对一聊天、QQ签名、QQ群、QQ空间等，每一种形式运用得好都可以成为一种独特的营销方法。表3-1列出了手机QQ营销各功能的优劣势对比。

表3-1 手机QQ营销各功能的优劣势对比

功能	优劣势
QQ一对一聊天	优势：一对一交流，进行小范围营销的一种方式。这种方式可对用户进行精准、有针对性的推广，甚至可以根据用户的不同特点进行个性化沟通。多用于特定人群或相对固定人群 劣势：信息无法更大范围地传播，沟通效率较低
QQ签名	优势：QQ签名是最主要的信息传播渠道，这一功能使用起来较便捷，在首页界面即可直接编辑；内容可碎片化呈现，少则一句话，多则几百字的长文，时时刻刻都可不间断发布 劣势：QQ签名内容是以叠加的方式显示在好友动态中的，即时滚动，后面更新的内容很容易覆盖前面的内容
QQ群	优势：可实现一对多的交流，信息可同时推送给多个人，这种方式有利于信息的大范围传播，也有利于群成员相互交流，展开二次传播 劣势：群内发广告很容易影响用户体验，发送的信息也容易被群成员屏蔽，甚至被群主禁言或踢除。因此，在QQ群中发广告要注意方式方法：一是要先建立感情后推广；二是避免直接发广告，可在聊天中植入或上传到群文件；三是自建群或申请成为管理员，实行精细化管理
QQ空间	优势：手机QQ营销的主体功能是最有利于社群形成的一个功能。QQ空间营销效果最好、运用最多的，是在用户引流上展现出惊人的威力。很多大企业，如小米、蘑菇街、美丽说的QQ空间都做得非常具有代表性 劣势：管理难度较大，需要高质量的、稳定的内容输出，个性化的页面设计，以及科学的管理和运营，并善于运用运营技巧

本节重点对微博、手机QQ这两个平台进行了详解，自媒体、微信及微信公众号、移动App、直播平台等相关内容等将在下面根据本书的内容进行阐述。

3.5 充分利用自媒体

随着移动互联网时代的到来，人们的注意力正从传统纸媒、电脑屏幕向手持设备转移，信息的产生、发布、流传也都在经历巨大的变革。很多人尤其是年轻人获取信息早已不看报纸杂志，也很少浏览传统的新闻网站，而是痴迷于刷微博、看朋友圈，通过分享、转发、评论、点赞、点踩的行为来表达自己与信息之间的关系。自媒体是信息化的产物，致力于在新的信息时代里给人们提供一个与众不同的、高效简洁的信息获取与分享平台。

3.5.1 ▶ 常用的主流自媒体平台

自媒体是移动互联网时代企业营销的主流媒体，这是区别于线下营销、PC端社交营销最显著的标志。线下营销、PC端社交营销所依赖的主要是大众媒体，如广播、电视、电话、传统网络等。而移动端社交营销的主战场是自媒体，自媒体具有平面化、个性化、自主化等特点，更适合移动互联网时代的营销。

自媒体有强劲的传播力和良好的互动效果，这种能力和效果源于自媒体平民化、草根化的定位，有利于受众最大限度地参与，充分地表达自我。目前，我国的自媒体平台有很多，且大部分开通了移动端，在智能手机上完全可以全程操作。接下来就列举六种常用的、影响较大的主流性平台。

1. 微信公众平台

微信公众平台（也就是"公众号"）是微信中的一个功能模块，于2012年8月23日正式上线。该平台是目前最受欢迎的平台之一，依托微信这个超级App，注册用户已达千万。成为注册用户后便可通过PC端、移动端同步发布、查询、管理信息，如图3-11所示为微信公众平台安全助手的信息提示。

微信公众平台的优点首先表现在自主性强，只要不违反官方的规定，运营者就可以根据自己喜好发布内容。第二，私密性也很强，运营者发布的内容除订阅用户外其他人看不到。运营者可根据自身需求选择将内容推送给所有订阅用户，也可以选择推给其中的一部分人或特定的人。第三，一对一互动性强。运营者可与读者通过自定义回复、打赏、留言等形式进行互动。

图3-11　公众平台安全助手的信息提示

不过微信公众平台也有其缺点，过强的私密性导致平台内容无法完全公开，非公众号用户很难看到，这使得运营者想提高公众平台上的阅读量变得十分困难，同样，对企业营销工作来说也是非常不利的。一旦没有大量忠诚的订阅用户，产品、品牌信息就很难得到扩散和传播，再优质的内容也可能被埋没。

2. 今日头条

今日头条创建于2012年3月，这是一款基于数据挖掘、推荐的信息发布类平台，旨在为用户提供有价值的、个性化的信息，提供连接人与信息的多种服务，是国内新媒体领域成长最快的平台之一。

今日头条是移动互联网上的主流媒体之一，现在越来越多的人不再订阅传统的报纸杂志，甚至已经不再浏览传统的新闻网站，而是将更多时间花在手机上。据权威官方资料显示，截至2018年6月，今日头条累计激活用户数已经超过7亿人，月活跃用户数高达2.63亿人，按用户量，在国内综合资讯平台中排名第一，用户月均使用时间超过20小时，用户活跃度仅次于微信，是一个新型媒体的探路先锋。

今日头条账号申请比较容易，没有任何门槛限制，同样可同时在PC端、移动端登录和发布内容。需要注意的是，新申请进入头条的用户需要度过比较艰难的"新手期"，在新手期间每天只能发布1条信息，新手期限过后则可以增至每天5条。与微信公众平台不同，今日头条是一个开放的平台，其内容不但可以通过各大搜索引擎搜索到，还专门针对搜索引擎做了优化，使搜索体验更好。因此，今日头条上的内容订阅用户可以登录阅读浏览，非订阅用户也可通过搜索引擎搜索来阅读。

另外，今日头条有个智能推荐，可以根据文章的标题对内容进行自动分类，这非常有利于内容的精准搜索。例如，一篇与财经有关的文章想放在科技类别下发表，今日头条会自动将文章分类改成财经类。

今日头条的缺点在于，文章阅读量由其推荐量和阅读率决定，如果今日头条通过自己的引擎计算，认为你的文章质量不高就不会给推荐，不被今日头条推荐的文章，即使经过修改也不会被头条推荐，这种情况下，用户无论在客户端还是通过搜索引擎（搜索引擎不收录），内容的阅读量都会很低。

同时，今日头条对发布的内容要求非常严格，必须是首发，如果在其他网站发布过，就很难通过头条的审核。

3. 网易媒体开放平台

网易媒体开放平台是网易新闻推出的自媒体平台，其上的文章可以出现在网易新闻手机客户端中。作为老牌门户网站，网易新闻有一批忠实用户。早在2016年，官方数据显示，网易新闻客户端累计用户量就达到5亿。

网易媒体开放平台的申请也比较容易，只需将网易新闻移动App下载在移动设备中开通账号即可。同样申请通过后并不表示发布的内容马上可以被用户浏览，按照规定必须发布3篇以上的文章才可申请上线，通过审核以后所发布的内容才可以显示出来。

网易媒体开放平台的优势在于平台对每天发布的文章数没有明确限制，同时也可依托网易新闻的市场影响力和用户基础提升阅读量，而且网易媒体开放平台有Rss抓取功能，可以自动从其他自媒体后台抓取文章，省去用户手动更新的烦恼。

缺点在于网易媒体开放平台是承载网易内部产品的一个平台，对用户产生的自媒体内容没有专门的推荐功能。还是那句话，一篇自媒体文章在没有推荐的情况下阅读量是很难提上来的，这些也直接导致网易媒体开放平台上的内容阅读量较低。

4. 搜狐自媒体平台

搜狐自媒体平台是搜狐网推出的自媒体开放平台，与今日头条、网易媒体开放平台一样是一个内容平台，重在帮助运营者打造高质量的内容，提供相关的服务。搜狐自媒体平台是自媒体人必选的平台之一，之所以重要，是因为该平台对每天发布的文章数量没有明确限制，且可推荐3篇。同时也是所有平台中被搜索最多的，如通过百度搜索，无论是百度网页搜索还是新闻搜索，搜狐自媒体的出现都最大。

另外，在搜狐自媒体平台上每个账号还可以设置自己的广告，PC平台有两个广告位，手机客户端有一个，这足以保证运营者在发表内容时可链接相关的产品或品牌广告。

5. 企鹅自媒体

企鹅自媒体是腾讯公司于2016年推出的自媒体开放平台，3月1日正式上线。虽然上线时间较短，各方面功能还有待完善，但由于背靠腾讯公司，在内容生产能力、用户连接、流量变现能力方面不亚于任何平台，所发布的内容也有足够曝光度。据悉，企鹅自媒体平台的内容可同时在腾讯新闻客户端、微信新闻插件、手机QQ新闻和天天快报等多个相关平台上推荐，相当于使用一个后台多个展示窗口。

同时，企鹅自媒体后台可兼容微信公众平台上的内容。通过设置，用户可以将自己微信公众平台的文章自动发布在企鹅自媒体上，节省了大量分发的时间和精力。

6. 知乎

知乎是在PC端知名度非常高的一个真实的网络社区，早在2010年年底就上线运营。随着移动网络的兴起，在移动端也开始发力，成为独树一帜的问答类平台。该平台上的用户以专业、高端而著称，聚集了一大批行业精英，甚至有很多专家、学者、行业资深研究者、企业CEO等。用户间彼此分享着各自的专业知识、经验和见解。

优质的内容成了知乎的金字招牌，同时也成了高门槛的标志。所以，在发布内容前运营者需要考虑所发布的内容是否足够新颖、是否有独特的观点、是否适合知乎的阅读群体需求。

除了以上介绍的六个平台外，还有很多，例如一点资讯、凤凰号平台、淘宝头条、简书、UC订阅号等，这里就不一一介绍。每个平台都有自身的优势和劣势，有自己的目标用户，所以如果想做好自媒体营销，还需要根据自身需求有针对性地选择，选择什么样的平台不是关键，关键在运营，要保证向读者持续不断地输出高质量的内容。

3.5.2 ▶ 自媒体更适合移动时代

自媒体（We Media）又称"公民媒体""个人媒体"，是指私人化、平民化、普泛化、自主化的传播者，以现代化、电子化的手段向不特定大多数或者特定的单个人传递信息的新媒体的总称。自媒体首次被提出是在2003年7月由美国新闻学会媒体中心发布的一份由"We Media"研究报告中，这份报告由谢因·波曼与克里斯·威理斯联合撰写。

自媒体，顾名思义即个人自己的媒体，最大优势就是用户自己制造内容，自己发布和传播，这也使得"主流媒体"的声音逐渐变弱，人们不再接受被一个"统一的声音"告知对或错。如微信、微博、头条等这些自媒体代表聚集了来自四面八方不同的信息，大大丰富了信息的内容，拓宽了信息的来源，同时也使得信息传播的途径越来越多元化、越来越个性化。

在移动互动网时代，自媒体的价值得到市场的充分认可，释放了自身独特的优势。自媒体传播的优势具体有如下四个，如图3-12所示。

图3-12 自媒体传播的四个优势

1. 平民化

那些诸如平面媒体、电视媒体等传统媒体，总是以高高在上的姿态存在，已经不再适合新时代用户的需要，相反，具有较低门槛申请资格的自媒体将会取而代之。如今，拥有一个自媒体非常简单，不需要专业机构、专业资质，无论机构还是个人都可以申请。

2. 个性化

由于自媒体的公开性，运营更多是以个人形式体现的，具有鲜明的个人色彩，所以自媒体的个性化非常鲜明。

3. 自主化

自媒体由于没有机构、公司在后边运营和管理，具有很强的自主化，自媒体人对自媒体拥有完全的决定权。

4. 多样化

目前可以自主发布内容的平台包括博客、微博、微信、今日头条、一点资讯、搜狐自媒体、百度百家等多个渠道，每个渠道侧重的内容、形式都不尽相同，这就使得自媒体具有多样化的特点。

移动互联网时代是个"人人是媒体，人人可参与媒体"的时代。每个人都是一个渠道，每个人在参与到品牌的全民营销体系中，可以把自己也当作一个个体品牌来经营。在互联网尤其是移动互联网高度发达的今天，自媒体开始成为企业营销、品牌传播的主要媒介。有了自媒体的参与，企业、品牌的形象可通过多途径去影响用户，更重要的是信息的传播模式发生了改变，从根本上改变了用户的消费理念和习惯。

传统模式是先建立品牌的知名度、美誉度，让大众认知和认可，通过使用和体验再建立客户的知名度；自媒体则恰恰相反，是传统模式的逆反，如图3-13所示，即先通过分析建立忠诚度，然后再通过粉丝利用口碑、社群去扩散传播，建立产品的知名度和美誉度。

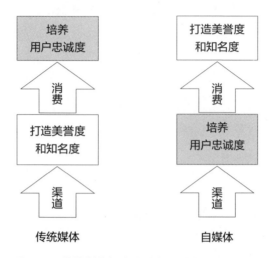

图3-13　传统媒体与自媒体在渠道中的作用过程

利用新媒介进行产品、品牌营销符合移动互联网时代短、平、快的传播节奏。每个人都可以成为相对独立的渠道，且可在整个过程中充分参与，这样的传播形式便于信息在各个个体之间畅通无阻地流转、分享，每个传播个体也可随时向信息源进行反馈，形成一个完美的交流闭环，如图3-14所示。这是互联网时代口碑营销的最大特点。

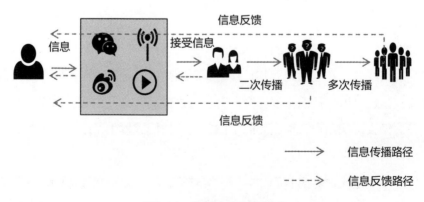

图3-14　自媒体的传播形式

3.5.3 ▶ 做自媒体内容是关键

运营任何媒体，关键都是做好内容，内容好才能吸引粉丝关注，促使其点赞、转载、分享。自媒体在内容上具有得天独厚的优势，与广播/电视媒体、平面媒体、门户网站等传统媒体最大的不同在于内容生产方式的不同。传统媒体基本都是专业团队或机构在做，内容也大都出自行业精英、专家学者及策划人员、记者、采编这些业内人士之手。而自媒体内容更多地来自普通大众，大众自己生产内容并自主编辑、发布和传播。2010年之前很多网络媒体其实基本上走的也依然是专业人士、业内人士生产内容的老路，只有到了自媒体时代，内容才真正普世化、私人化。

少了专业人士、业内人士的参与，是不是内容质量就一定会下降？恰恰相反，由于自媒体内容来源渠道较宽，所以内容厚度和广度大大增加。如大家关注一个社会热点话题，在传统媒体中可能只能听到一个声音，或者类似那个声音的无病呻吟。而在自媒体平台上就会引来几百人、几千人甚至更多人参与讨论，每个人都有各自的看法，每个人都有各自的观点，当参与的人多了，看待问题的角度不同了，解决问题的方法自然也就会更多。

从这个层面看，做自媒体关键在于做好内容，内容是构建产品最基本的元素，也是产品承载服务的最基本形式。对一款产品而言，内容运营的地位不言而喻。但是如果你没有从零开始做内容运营这份工作，即便你经历过一款产品的内容从无到有的各个环节，仍旧很难把握内容运营的精髓。

新媒体营销归根结底就是内容营销，只有高质量的、有创意的内容才能为粉丝带来利益，培养粉丝的忠诚度，长期黏住粉丝不流失。具体来说，就是要善于将营销和娱乐进行深度融合，以极富创意和观赏性的内容来打动用户，从而引发用户发自内心的一种认同，而非强行推送广告。

这就要求新媒体运营者具备一定的内容生产能力，同时还要能充分调动用户参与、引导他们参与，进而扩大内容的"生产线"。有经验的运营人员总在强调要与用户互动，只有互动双方才都满意，消费者得到了自己想要的回馈，同时营销者也达到了自己的营销目的。其实从运营的角度来看，所谓的互动本质上就是两种内容输出方式。为了更好地理解这个问题接下来看一个案例。某旅游服务的一位项目推广人员是这样利用新媒体的。

> **案例**
>
> 公交车站旁，一位乘客正在等待公交车，同时不断翻阅各大搜索平台查询最便捷的回家路线。此时一搜索网站上弹出一条消息："你想知道回家换乘的最短路线吗？"
>
> 这一信息可以说是该乘客最需要的，于是乘客萌生兴趣进入界面，原来这是一家旅游公司的官方移动网站。进入网站后，该公司的后台人员就会收到系统提示有用户访问，接下来就会主动与用户打招呼，并主动发送信息，如"亲，您正在等候公交车吗？""您一定需要更便捷的回家路线吧？"等。
>
> 由于这些信息大多是用户最迫切需要的，因此通常也会吸引用户的继续回复。通过简单的交流，公司后台获取了更多需求信息，此时，就会从数据库中搜索到最便捷的公交路线图、地图导航等，为用户规划出一条最佳路线。
>
> 用户在收到消息后兴趣就被进一步激发，通常会主动询问："你们是什么公司啊？是做什么的呀？为什么要给我规划回家路线图？"等。
>
> 此时，后台人员就可以进一步互动进入正题，"我们是××旅游服务公司，专程为您提供××服务"等更具体、详细的信息，这些信息可以囊括公司所有的产品和服务，以使该用户对公司有全面、深入的了解。
>
> 用户对于这些信息如果感到有用就会收藏，或者上传微信朋友圈、微博等，这样一来定有更多人转发和分享，在一次次转发和分享中，公司的信息无形中就得到了曝光和扩散，为获取更多的用户奠定基础。

通过案例发现，这个互动过程就是公司运营人员（PGC）和用户（UGC）共同创造内容的过程。公司运营人员在这里是从营销的角度出发，有意识地制造内容（话题）引导用户关注自己的企业、自己的产品和服务；而用户则是在需求的驱使下，无意识地制造内容（享用公司提供的服务、了解公司的信息等），并充当了内容的制造和扩散者的角色（分享朋友圈、上传微博等），这样就形成了一个良性循环，拓展了内容制造的渠道，为内容输出注入了新鲜血液，效果远远高于运营者单方面地制造内容。

3.6 充分利用明星效应

在移动互联网时代，明星效应的作用更大，一是因为面对的消费对象多为有着明星情结的年轻人群；二是消费者的消费理念发生重大变化，早已不把价格、质量当作头等需求，反之更看重产品的品牌力、知名度、配套服务等附加值部分。基于此，企业应该懂得重点培养消费者对产品的感情、情怀，以赢得消费者的追捧。而利用明星或社会事件营造产品的明星效应无疑是最好的方法。

3.6.1 借助名人打造事件营销

借助名人或社会热点可以简单理解为是一种事件营销，因为无论是聘请名人还是制造事件，在营销过程中都可以归结为特定事件的发生。所谓事件营销是指通过策划、组织和利用具有新闻价值、社会影响的人物或事，来吸引消费者关注，以此提高企业知名度、美誉度，树立良好品牌形象，并最终促成产品或服务的销售。

> **案例**
> 雕爷牛腩打造品牌的方法利用的就是明星效应+事件营销。很多网游在即将上线之前通常都会搞个"内测"邀请玩家来玩，目的是找

出BUG并修正。这一招被雕爷借鉴到餐厅经营中来，在开业之前就邀请不少明星艺人、微博网红、美食达人等来"内测"，即试吃，并在微博上发表"吃后感"。在长达半年的"内测"中，雕爷牛腩不但就势优化了产品，更重要的是树立了知名度、打开了市场、传播了价值。经过半年的积累，这种"明星效应"慢慢显现。微博上关于雕爷牛腩的话题被疯狂转发，一股神秘之感在普通消费者中弥漫开来，消费者的消费欲望也全面爆发。

　　毋庸置疑，雕爷牛腩已成为"互联网思维+餐饮"的成功典型。品牌的建立是从邀请明星、名人试吃开始的，明星、名人试吃后，一方面他们会将意见反馈给生产者，生产者根据他们的意见改进，以提高品牌质量；另一方面明星、名人也会在互联网平台上分享，通过"粉丝效应"在消费者与品牌之间建立一种感性关系，让更多的人接触、认识品牌，进而熟知、传播品牌，这既是一个分享的过程，也是一个品牌共建的过程。

　　作为一个毫无餐饮行业经验的"电商人"，雕爷仅用了两个月的时间就成为所在商场餐厅单位平效第一名。而且仅凭两家店，雕爷牛腩就已获投资6000万元，风投给出的估值高达4亿元。雕爷牛腩有何特别之处，能够让风投另眼相待呢？

　　营销与明星的结合是当下营销界最流行的事件营销，对电视广告稍加注意的人都知道，如今的电视广告越来越丰富，除了普通的广告外，更多的是主打明星、公益等，这些对企业形象、品牌形象的树立起着重要作用。其实这是一种广告艺术，借助社会上一些地位、学识、声誉比较高的人来提升产品的影响力。

　　简单地说，事件营销就是通过把握新闻的规律，制造具有新闻价值的事件，并通过具体的操作让这一新闻事件得以传播，从而达到广告的效果。由于这种营销方式具有受众面广、突发性强，在短时间内能使信息达到最大、最优的传播效果，为企业节约大量的宣传成本等特点，越来越被企业所重视。

借助名人，应该注意以下三点。

1. 名人的粉丝与自己产品的用户是同一类人

如果产品的购买者与名人的粉丝不是同一类人，那么即便请该名人做代言，由于该名人能够影响到的用户对产品没有需求，那么借助名人也不会有明显效果。

2. 名人的精神与自己产品向用户传递的精神一致

借助名人的知名度来宣传自己的产品，其实就是向用户传递"我们和那个名人是一个level，我们有共同的价值观"。此时，如果传递的这种精神并不能讨好消费者，那么可能会起到适得其反的效果。

3. 借助名人营销时应附带一定的活动，如转发抽奖

附带一定的活动，这样才能最大限度地激励浏览者将这条内容转发出去。因为这种转发一方面向自己社交网络传递的是自己对产品、对名人的认同，另一方面还可能为自己赢得一些奖励。

3.6.2 如何策划事件

事件营销本质就是让事件策划成为新闻，公关事件必须符合新闻价值规律的要求。事件营销的切入点大体上有三类，如图3-15所示，即公益活动、搭便车和危机公关。这三类事件都是消费者关心的，因而具有较高的新闻价值、传播价值和社会影响力。

图3-15　事件营销的三个切入点

1. 公益活动

公益切入点是指企业通过对公益活动的支持引起人们的广泛注意，树立良好企业形象，增强消费者对企业品牌的认知度和美誉度。随着社会的进步，人们对公益事件越来越关注，因此对公益活动的支持也越来越体现出巨大的广告价值。

可口可乐曾开发了一系列创意二次利用活动并率先在越南实行，即消费者购买可口可乐时赠送喷头或是一些教程，教消费者如何废物利用。由于相对欧美等国家来说，越南贫困很多，对这种废物利用更加有需求，推广效果非常好。再如，某婚庆公司免费为老人举办金婚仪式，这都是消费者实实在在看得到、摸得着的产品和服务，让体验者感同身受。

在营销战略同质化的今天，许多企业想到了运用公益营销打开品牌传播的新途径。企业通过公益活动，不仅能够增加社会的公共利益，而且能够使公司的形象增强。很多大公司在制定长远战略时都将公益事业作为一项重要内容来考虑，从这一点上来看，公益事业已经成为企业经营策略中一个不可忽视的组成部分，作为树立企业品牌形象的一项重要举措。

2. 搭便车

这里的搭便车是指借力热点事件或大多数人广泛关注的事件。企业可以及时抓住聚焦事件，结合企业的传播或销售目的展开新闻"搭车"、广告投放和主题公关等一系列营销活动。随着硬性广告宣传推广公信力的不断下降，很多企业转向公信力较强的新闻媒体，开发了包括新闻报道在内的多种形式的软性宣传推广手段。

在聚焦事件里，体育事件是企业进行营销活动的一个很重要的切入点。企业可以通过发布赞助信息、联合运动员举办公益活动、利用比赛结果的未知性举办竞猜活动等各种手段制造新闻事件。

金六福与中国体育紧密合作，与中国奥委会建立了长期战略合作伙伴关系，通过支持各种非奥运项目和群众体育项目，相继成为中国奥委会合作伙伴，第二十八届奥运会、第二十一届大运会、第十九届冬奥会中国体育代表团唯一庆功白酒，获得"中国男足世界杯出线专用庆功酒"称号，大大提升了品牌的知名度和美誉度。

由于公众对体育竞赛和运动员感兴趣，他们通常会关注参与其中的企业品牌。同时，公众对于自己支持的体育队和运动员很容易表现出比较一致的情感，企业一旦抓住这种情感并且参与其中，就很容易争取到这部分公众的支持。

3. 危机公关

企业处于变幻莫测的商业环境中，时刻面临着不可预知的风险，如果能够进行有效的危机公关，那么这些危机事件非但不会危害企业，反而会带来意想不到的广告效果。

一般来说，企业面临的危机主要来自两个方面：社会危机和企业自身的危机。社会危机指危害社会安全和人类生存的重大突发性事件，如自然灾害、疾病等。企业自身的危机是因管理不善、同业竞争或者外界特殊事件等因素给企业带来的生存危机。据此可将企业的危机公关分为两种：社会危机公关和自身危机公关。

当社会发生重大危机时，企业可以通过对公益的支持来树立良好的社会形象，这一点前面已讨论过。另外，社会危机会给某些特定的企业带来特定的广告宣传机会。以生产卫生用品为主的威露士在"非典"期间大力宣传良好卫生习惯的重要性，逐渐改变了人们不爱使用洗手液的消费观念，一举打开了洗手液市场。

通信企业中也不乏这样的案例。在数次自然灾害中，手机成为受害者向外界求助的重要工具。中国移动利用这样的事件，打出了"打通一个电话，能挽回的最高价值是人的生命"的广告语，其高品质的网络更是深入人心。

3.6.3 ▶ 哪些人或事件是借用的好素材

新闻能否被着重处理则要取决于其价值的大小。新闻价值的大小是由构成这条新闻的客观事实、适应社会的某种需要的素质所决定的。一则成功的事件营销必须包含,如图3-16所示四个要素之中的一个,这些要素包含越多,事件营销成功的概率就越大。

图3-16 营销事件中的事件应该具备的四个要素

1. 重要性

重要性是指事件内容的重要程度。判断内容重要与否的标准主要看其对社会产生影响的程度。一般来说,对越多的人产生越大的影响,新闻价值越大。

2. 接近性

越是心理上、利益上和地理上与受众接近和相关的事件,新闻价值越大。心理接近包含职业、年龄、性别诸因素。一般人对自己的出生地、居住地和曾经给自己留下过美好记忆的地方总怀有一种特殊的依恋情感,所以在策划事件营销时必须关注到受众的接近性的特点。通常来说,事件关联的点越集中就越能引起人们的注意。

3. 显著性

新闻中的人物、地点和事件的知名程度越著名,新闻价值也越大。国家元首、政府要人、知名人士、历史名城、古迹胜地往往都是出新闻的地方。

4. 趣味性

大多数受众对新奇、反常、变态、有人情味的东西比较感兴趣。有人认为,人类本身就有天生的好奇心或者称之为新闻欲的本能。

一个事件只要具备一个要素就具备新闻价值了,如果同时具备的要素越多、越全,新闻价值自然越大。当一个事件同时具备所有要素时,肯定会具有相当大的新闻价值,成为所有新闻媒介竞相追逐的对象。

聚美优品的一则广告曾风靡于社交网络之中,陈欧用自己的行动上演了一场屌丝的逆袭。其广告语"我是陈欧，我为自己代言"的节奏朗朗上口、通俗易懂、条理清晰，体现出了为自己代言的决心，语言也传递出无穷的正能量。这股能量能吸引消费者，并触动消费者的内心，让内心受到极大鼓舞。

但是没有想到的是这则广告竟然在社交网络中掀起了一场改编热潮，朗朗上口的广告句型得以让社交网络的用户们去填空，一时间"我为自己代言"成为了热门话题，将原本励志的广告变成或搞笑或吐槽的带有娱乐感觉的一场时尚游戏，其间形成的巨大反差也是使"陈欧体"火爆起来的一个重要原因。

对于"陈欧体"的火爆，也有可能是无心插柳，它在为聚美优品带来巨大的品牌效益的同时，也展示了事件营销的新颖多样的特点，并集合了新闻效应、广告效应、公共关系、形象传播、客户关系于一体。看惯了太多的传统广告，感觉它们实在是太"硬"了，偶尔来一点"软"的广告，反而会大受关注。

巧妙采用免费策略

3.7.1 ▶ 免费的目的：用户引流

免费是移动端社交营销的撒手锏，网易有免费邮箱，新浪有免费博客，百度为用户提供免费搜索业务，腾讯为网友提供QQ、微信聊天平台，淘宝甚至将免费模式应用到商家的营销和推广中。而在移动互联网时代，免费则是一把威力更大的杀器，现在几乎所有的移动互联网产品都在用免费这招。

移动互联网时代的企业都在借助免费模式开疆拓土，有人说，如果说管理的极致是"无为而治"，那么营销的极致就是免费。免费对企业、商家而言，可以扩大宣传、降低经营成本、提升销售；对消费者也是有百利而无一害，不仅可以获得免费商品或服务，还有其背后带来的美好心理感受和精神体验。

那么，如何利用免费思维进行移动营销呢？通常来讲有四种具体做法，如

图3-17所示。

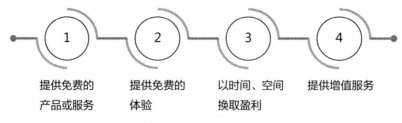

图3-17 利用免费思维进行移动营销的四个方法

1. 提供免费的产品或服务

这是一种交叉补贴性的免费类型，即产品是免费的，而产品附带的功能是需要付费的。这样的产品通常有以下三种。

（1）诱饵型产品。将产品的部分功能免费，以吸引用户，而后引导其进行全部产品的再消费。

（2）赠品。将某款产品设计成另一款产品的免费赠品或附加产品。

（3）分级产品。将产品分为不同版本，如普通版、升级版、黄金版，免费提供较低版本的产品，高级版本或个性化则需要付费。

2. 提供免费的体验

免费的目的不是单纯地提供免费产品和服务就够了，而是要通过这些免费的产品或服务来引流，吸引用户，培养用户。互联网思维的一个核心就是"先培养用户后圈钱"，有了用户就能达到盈利的目的，当用户足够多时即可通过商业化手段催生其产生更多价值。以体验为主的免费营销又称为体验式的营销，这种方式大多运用在新品上市或推广阶段，目的是通过用户的体验试用，使用户对产品产生初步的信任和认可。很多时候，用户对新产品往往抱着双重的态度，在渴望得到的同时又持有怀疑心理，这严重阻碍了买卖双方的正常进行，因此，让用户先行体验就成了营销的核心。

这种模式的具体操作可分为两种，极具代表性的有免费赠送和免费试用两种。前者是指，先提供用于体验的产品让用户免费体验，感觉良好后再自愿进行购买；后者是针对有需要的用户，让其在一定时间内免费试用，而后再进行长期的付费使用。

3. 以时间、空间换取盈利

即在规定的某一个时间内对用户免费，如一个月中的某一天，或一周中的某一天，或一天中的某一个时间段。适用于带有明显时间差异的行业、企业，如电影院、餐饮店等。该模式不但对客户的忠诚度、宣传上有极大的作用，而且还会带动客户同时消费其他延伸产品。

如电影院，上午看电影的人较少，那么上午的电影票就可以半价优惠，从而吸引大量人进入电影院。而电影结束时正值吃饭时间，客户会进入电影院的餐饮店消费。这种模式的关键是必须将具体的时间先固定下来，让客户在这段时间内形成消费习惯。

与时间相对的，有的企业为了拉动某一特定空间的用户数量，对于指定空间的客户进行免费宣传。所谓空间性免费是指免费的产品或服务仅限于某个空间或地点内的客户，而对其他空间的客户则采取收费策略。

4. 提供增值服务

为了提高用户的黏性，强化重复消费，可在产品或服务的基础上提供额外的增值服务。即着眼做好产品或服务的延伸，并针对延伸出来的服务进行免费消费。如卖服装的可提供免费烫洗；卖化妆品的可提供免费美容指导；茶馆可提供免费泡茶技术学习等。

众所周知，电子产品大都是一次性消费品，将产品卖给用户之后，唯有当产品出现问题才在返修的时候接触一下用户。而小米的互联网玩法完全是反其道而行之，卖出产品只是第一步，随之是通过产品建立一个连接用户的通道，通过后续源源不断的内容和服务来吸引用户，然后挖掘出新的收费盈利点，这就是互联网人天天挂在嘴上的"黏性"。

这种集免费和付费内容于一体的模式就称为免费增值模式，由于免费内容比付费内容更能够带来实惠而使收费内容更多、更容易。

需要注意的是，通过增值服务来实现免费这种模式的实施有一个重要的原则，就是所提供的增值服务要与免费服务有根本的区别。

263免费邮箱曾尝试通过提供增值服务来推广邮箱，实现对有邮箱用户收费，结果却铩羽而归，而且还因此流失了许多用户，原因就在于它的增值服务和免费服务没有太大的区别。增值服务为免费试用50MB的邮箱，收费服务为只要支付一定的费用就可将邮箱内存扩大到200MB。事实上，这对于绝大部分用户来说没有意义，仅仅是内存大小不同而已。免费用户只要经常清理邮件即可达到收费用户的使用效果。

反观QQ，同样分免费和收费两个，无论是免费还是收费运营得都非常好。QQ作为一款即时通讯软件，以免费的门槛招揽了海量的用户，如QQ空间、QQ音乐、视频、游戏等，而免费的背后是每个产品都有更深度的高级别服务，而这些高级别服务就成为了核心盈利点。以QQ空间为例，当普通用户升级为黄钻用户后，就可以在相册容量、好友访问记录等多个方面获得扩广。而用户恰恰更能接受这种个性化、看得见的消费。

可见，QQ之所以能成功的主要原因就是免费和收费有本质的区别。例如，收费会员最多可加2000个好友，普通的用户最多可加500个，要想扩充自己QQ的好友名额只得充值，谁也不会因为收费而将好友删除。

3.7.2 ▶ 免费的本质：以免费带动收费

通过上面已经知道，免费只是企业、商家做营销的工具，目的是吸引用户，增加用户数量，从本质上看还是通过免费实现收费，通过免费来提升用户的消费兴趣，激发用户的消费欲望，最终实现盈利的目的。

iPhone手机是很多人喜欢的品牌，尽管更新换代十分快，但每一代手机上市都会招致消费者的疯抢。其实，iPhone成功的奥秘不仅仅在于其精益求精的工程设计、其给用户带来的无与伦比的应用感受，更重要的在于史蒂夫·乔布斯围绕iPhone系列产品所创造的AppStore运营模式，实现了移动互联网时代"免费"与"收费"的绝妙平衡。

iPhone优秀的工程设计和AppStore海量的免费应用吸引用户尝试和购买iPhone产品；部分用户为了获取App增值服务和更好的应用感受，成为App的付费客户；而iPhone用户的付费行为和通过App发布的盈利前景，会进一步刺激App开发者推出更优秀的免费和收费App应用，进而加大iPhone系列产品的用户吸引力和用户黏度。

史蒂夫·乔布斯就这样一步步将他缔造的苹果王国推向成功的顶峰。苹果公司和乔布斯的成功，不得不让我们思考这样一个问题：移动互联网时代，构建一个"免费/收费"的良好生态模式十分重要，并善于在"免费"与"收费"之间找到平衡点，最终实现企业的成功。

需要注意的是，免费营销虽好，但肯定不是无限制、无底线地使用，而是由免费逐步向收费转化。那么，该如何转化呢？从目前最多的做法来看，可以归结为以下六种，如图3-18所示。

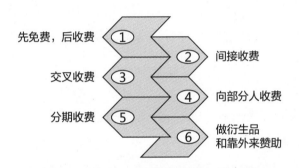

图3-18 免费营销向收费营销转化的六种做法

1. 先免费，后收费

即先为用户免费提供商品，而后在该商品的基础上通过二次开发或提供更好、更多、更深层的服务，引导用户消费。这种类型在网络游戏中运用得比较多，如大多数游戏都是免费注册、免费下载软件，但要尽兴地玩或者想体验高级功能就需要花钱。

这已经成为很多企业常用的营销方式，尤其是从线下移植到线上后威力更加强大，而且较容易复制，如果创新得当、模式巧妙，会收到意想不到的回报，前提是所提供的产品或服务一定要有价值、有特色，符合用户再次消费、多次消费的心理需求。

2. 间接收费

这类型是先对一部分人，给予产品或服务的一部分功能的免费，再通过这部分人背后的隐性消费，或产品、服务的其他功能来盈利。如有些娱乐场所对年轻女性免费、旅游景点对小孩免费，这样，在吸引这部分人的同时也吸引了潜在的消费群体，如陪伴而来的男性朋友、小孩的父母等。这样一来，尽管女性、小孩不用花钱，但其背后的群体则是消费力巨大的。

还有些商品或服务可通过一部分免费、一部分收费来盈利。如购买汽车就需要买相应的保养服务，买手机就需要买SIM卡、缴话费，这时，可在这些附加的服务上进行免费，以带动用户购买主产品。

这种做法是一种间接收费，表面上看是免费，其实是一种不完全免费、带有附加条件的免费。运用这种类型的关键是要设计合理，手段不能过于单一，方法不要过于僵硬，既要能吸引免费的顾客带动人气，同时也要能以此为突破口吸引更多顾客消费或免费顾客进行其他消费。

3. 交叉收费

交叉收费又叫交叉补贴，即向一方免费的同时向另一方收费，从而达到免费和收费的同时进行。

如一个平台同时面向卖家和买家开放，双方都想免费，可是谁来付费呢？这个时候平台方实行的就是交叉收费，实现双方利益的交换，从而达到相互免费。如这项服务对卖家免费，对买家就收费，另一项服务对买家免费，这部分费用就由卖家来承担。

4. 向部分人收费

交叉收费是向大众收费的，要么卖方要么买方，其实我们也可以逆向思考一下，缩减目标，向更小众的人群收费。

史玉柱进入网络游戏领域前，网络游戏的基本盈利模式都是靠提供各种增值服务收取玩家的钱。而史玉柱进入网络游戏后不再收点卡、月卡等，而是通过直接免费的策略先聚集到大量玩家，然后再向部分高端玩家收费。玩过网络游戏的朋友都知道，游戏就像现实社会的一个缩影，有人的地方就有江湖、争斗、攀比、阶级，而在游戏中玩家想成为人上人、想有更好的装备、想更快地升级、想在游戏里组建帮会，那就要付费了。当然，游戏里不差钱的人是少数，但是哪怕只有1%，那收入都要比传统的盈利模式多。

5. 分期收费

这是一种类似分期付款的消费方式，即用户可以通过自己的信用或第三者的信用担保零首付（免费）得到想要的商品，如家电、家具、笔记本电脑等，这样可大大降低用户的购买成本，极大地刺激用户的消费欲望，尤其是对于一些价格昂贵的商品，可谓是一个好的方法。同时，这种方法对于企业、商家来讲也十分有利，虽然暂时无法实现盈利，甚至需要为用户买单，承担透支风险，但最终的盈利会更大，因为累计支付的金额远远高过一次性付款的金额。

6. 做衍生品和靠外来赞助

除了以上这些，还可以在免费产品的基础上，通过建设生态圈、延伸产品线来盈利。比如说，360安全卫士是免费的，杀毒软件也是免费的，但是其通过安全卫士和杀毒软件将360安全浏览器带动了起来，360浏览器是盈利的。后期又带起了360搜索引擎，其搜索引擎也是盈利的。

另外，还可以依靠赞助实现盈利。这是最笨的一招，如果实在找不到盈利点，那只能靠赞助了。当然，前提是找到愿意赞助或是买单的人。比如国外的维基百科网站，就是靠网友的赞助生存下来的。

总之，免费作为一个具有极强包容力与扩张力的市场营销工具，在利用这种思维的同时，不能过于将精力集中在"如何向收费"的过渡上，否则很难扩大免费的价值、拓宽我们的运营思路。最关键的是要拥有创新意识，构思够新颖、巧妙，就有机会以免费为杠杆打开市场。

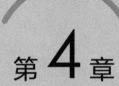

第4章

微信营销：
开创了移动端社交营销新时代

工欲善其事，必先利其器，做移动端社交营销需要必要的工具。通过这些工具将企业信息、品牌信息、产品信息快速传递给用户。本章将介绍移动端社交营销所需的重要工具之一：微信。通过微信个人号、微信公众号、微信小程序建立自己的专属渠道。

4.1 微信个人号

微信，是腾讯公司开发的一款社交工具，分为个人号和公众号两部分，个人号作为一个新的移动端营销工具备受欢迎，成为很多企业和个人进行营销的首选，而且取得了非常好的效果。

4.1.1 微信营销的特点

据腾讯公司发布的2019年第一季度业绩报告显示，首季微信及WeChat合并月活跃用户数达11.12亿。微信这个平台已经不仅仅是一个通讯工具，它正在向方方面面渗透，改变着每个人的生活、学习和思维习惯，改变企业的商业模式和营销方式。

每个平台都有其独到的特点，微信个人号也有自身的特点，企业想要借助微信做营销，就必须了解它的特点，如图4-1所示。

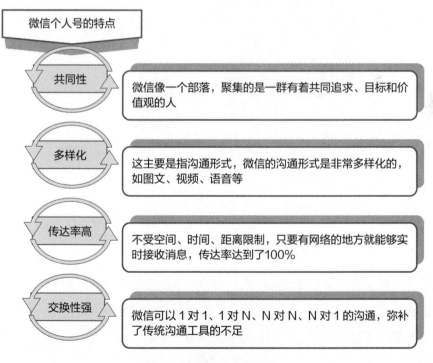

图4-1 微信个人号的特点

4.1.2 ▶ 朋友圈和微信群营销

微信已经成为企业进军移动互联网领域的主要"武器",尤其是朋友圈、微信群等功能得到了重度开发和应用后。

1. 朋友圈

朋友圈是微信的主要功能,很多人之所以乐此不疲地玩微信,多数是喜欢发朋友圈、看朋友圈。同时,朋友圈也是企业、个人商家做移动端社交营销最常用的功能。现在只要打开朋友圈总能看到各式各样的产品推广与宣传,如图4-2(a)、图4-2(b)所示分别为微信朋友圈中官方发布的广告和个人发布的广告。

(a)微信朋友圈中的官方广告　　(b)微信朋友圈中的个人广告

图4-2　微信朋友圈广告

无论是官方广告还是个人广告,均为朋友圈最常用的宣传和推广方式,对于扩大品牌知名度、产品曝光度以及提高销量都有重要的促进作用。不过,朋友圈营销却不是那么简单,因为很多人并不十分认可朋友圈的商业地位,他们坚持认为朋友圈就是社交，就是聊天、情感联系和沟通的地方，广告的大量出现已经打破了这种平衡。由此可见，想要做好朋友圈营销不仅仅是刷广告，还需要掌握必要的方法和技巧，尽量避开大多数人的认识障碍和心理障碍，最大限度地迎合他们的需求、满足他们的需求。

那么该如何利用朋友圈进行营销呢？最有效的方法就是实现内容与需求的对接，精准推送。微信朋友圈具有特定性，企业、商家在发布某个内容时可在对用户需求进行精准分析的基础上进行有针对性的推送，不但可大大提高推销的针对性、有效性，还可以避免骚扰到其他用户。

具体方法有三种，分别如下。

（1）"谁可以看"

在朋友圈中发布信息时，为让信息与好友需求精准对接，可对内容进行进一步选择。朋友圈有两大选择功能，分别为"谁可以看""提醒谁看"。

"谁可以看"可根据内容类型、用户需求等限制全部或特定的人看到。

"提醒谁看"是在所有人都可看到发布内容的基础上，精准地提醒特定的人来看。

如准备在朋友圈中发送"开学季图书促销互动"这样一个活动，该活动主要针对的群体是学生及其家长。在这种情况下就没必要面向所有朋友圈的人，这时可利用"谁可以看"功能，限制没有需求的人来看。

（2）"提醒谁看"

"提醒谁看"精准地提醒特定的人来看所推送的内容。如所推送的信息与某一人群的需求特别吻合，就有必要提醒对方及时查看信息。如公布抽奖名单，就可以通过"提醒谁看"功能提醒中奖人员；再如有新品上市需要及时告知老客户，也可以通过"提醒谁看"功能来实现，以达到二次销售的目的。

（3）地理位置

之前讲过LBS对移动端社交营销的重要性，LBS的核心就是地理位置的分享。在微信朋友圈中，同样有地理位置功能，这个功能对于企业、商家做朋友圈营销非常实用。当用户看到带有地理位置的信息时，愿意继续了解更多的信息，对企业和产品就会产生更多信任。如某企业销售海南特产，当消费者看到所发布的信息也同样来自海南某地时，就会对产品增加信任感。因为地理位置信息间接地告诉消费者，我们销售的是真正的海南特色产品。

地理位置对线下销售也是一种间接的引流，如杭州某商家的真丝夏凉被品牌享誉全国，品牌口碑非常好，如果大量网友看到其带有地理位置的信息，也会慕名前去线下实体店参观或购买。

2. 微信群

微信群是微信推出的一个多人聊天服务平台，通过邀请微信内的好友形成的一个相对封闭的小圈子，群内好友可通过网络快速发送语音、视频、图片和文字，可共享图片、视频、网址等。

微信群最大的好处就是可以进行一对多的沟通，而且基于熟人关系沟通效率非常高，沟通的盲目性大大减少，这为企业、商家进一步宣传和推广产品提供了很好的平台，是企业、商家进行移动端社交营销不可忽略的渠道。

（1）积累人脉

微信群内的成员是由拥有共同价值观或者共同需求的个人集合在一起的群体，所以每个微信群都相当于一个圈子，群内的每位成员都有相同的内心诉求，有着共同的兴趣爱好，这也意味着群主拥有了自己的人脉圈，如图4-3所示。

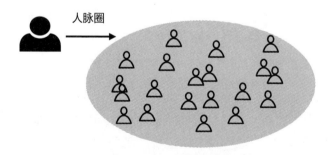

图4-3 微信群人际关系模式

（2）沟通价值

人与人沟通时传统的方式总会受到这样或那样的限制，比如地域、时间、人数等。而在微信群就不存在这些问题，可以随时发起会话，无论对方在还是不在都可以实现，而且群员之间也可以无障碍沟通，如图4-4所示。

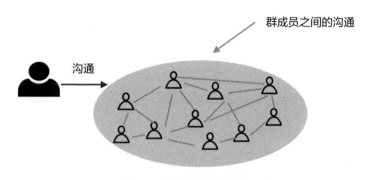

图4-4　微信群沟通模式

（3）裂变式传播

目前微信群人数最高限已达500人，这几百人就是你的宣传员，毕竟每位成员都可以再次以建群或加群的形式进行传播。比如，你发送某条信息，群员A觉得有价值就会转发给自己的好友，好友的好友也许会再次转发，这样一次次地向下传播就形成了一个完整的链条，而有需求的人如果买东西最终都会回到你这里，如图4-5所示。

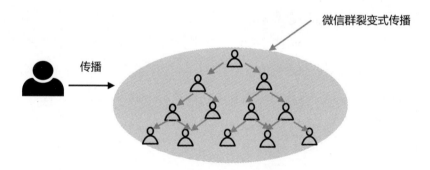

图4-5　微信群的裂变式传播模式

（4）维护良好微信群的注意事项

①善于挖掘需求。群主必须积极维护与群友之间的关系，挖掘群友的内心需求，否则群就成为摆设。群主要时刻想办法挖掘用户内心的真实诉求，这就

需要定期或不定期策划活动让用户参与进来，例如针对不同产品进行投票和打分、对不同客服进行打分。

②提供有价值的信息。为群成员分享有价值的信息，或者分享我们所经营产品的最新消息或产品，包括特价或者折扣；让那些想取经的用户获得新知识，学习企业、商家经营技巧。同时，也要鼓励成员分享，形成一个资源置换的平台，这种即时的分享对于成员们来说是一种福利，也会吸引更多的成员加入，从而塑造良好的社群交流环境。

③打造良性口碑。微信群也是一个不错的口碑传播工具，所以当我们把微信群做到一定程度时，通过群成员之间的口碑传播，一定会被更多的人所熟知，引导更多的人加入。

3. 其他功能

利用个人微信展开移动端社交营销，除了朋友圈、微信群两大功能外，还有很多辅助功能，如漂流瓶、摇一摇、附近的人，尽管在营销效果上不及上面这两大功能，但也不可忽略，运用得好同样可以吸引用户关注。

4.1.3 ▶ 个人微信的设置与装修

纵观那些火爆的、粉丝众多的微信号就会发现，它们都有一个共同点——良好的形象。形象对一个人来说可能只是个符号，但对于企业来讲代表着品牌影响力、企业文化和企业价值的传递。微信作为企业移动端社交营销体系中重要的一部分，必须在形象上下一番功夫。微信的形象主要包括4个部分，分别为头像、名称、朋友圈和个性签名。

1. 头像

头像的作用是便于好友的识别和识记，能使自己的账号从众多账号中脱颖而出。同时，好的头像也能向用户传递有价值的信息，提升企业形象，如图4-6所示的A、B、C、D四类头像。

图4-6中四个头像分别传递不同的信息，意在凸显账号的内容定位。A图的内容定位为珠宝生产与销售，B图为婚纱摄影，C图是大枣销售或与大枣有

关的产品，D图是文化策划与创意。

图4-6 四种不同的微信头像

由此可见，微信的头像非常重要，那么该如何设置微信头像呢？具体可按照以下五点思路去做，如图4-7所示。

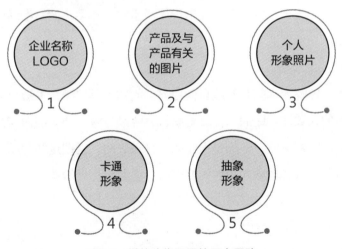

图4-7 微信头像设置的五点思路

2. 名称

醒目的头像+个性的名称是衡量一个微信知名度大小的重要标准，掌握了头像的设置技巧后，还必须掌握相应的取名技巧。常见的取名技巧有直接命名法、相似命名法、功能命名法等，具体可总结为以下六种。

（1）直接命名法

直接以企业、品牌、产品的名字来命名。这种方法适用于已经有较大影响力或众多粉丝的企业或品牌，最大的优势是可借用企业、品牌或产品已形成的影响力，方便粉丝搜索和记忆。

（2）相似命名法

依葫芦画瓢去模仿，借用行业内影响力较大的、有代表性的微信名称，然后结合自身的特色进行演绎，这样就很好地借了势。

（3）功能命名法

根据企业生产销售的品牌、产品功效来命名，这类命名法优势在于范围广、定位准，可最大限度地提升微信公众号的曝光度。

（4）形象命名法

指利用拟人、拟物、比喻等形象化的手法，把模糊的事情具体化，或者把无形的事物有形化，多用拟人、比喻等修辞手法来实现，如拇指阅读、篮球公园、电影工厂、她生活等。

（5）提问命名法

这个可以理解为你问我答或自问自答。问题不是关键，关键是如何通过问题吸引更多的人关注。比如，什么能赚钱、今晚看啥、什么值得买等，实则上问题是没有固定答案的，但却是很多人十分关注的。当把这些问题作为微信公众号名称时，可很好地激发粉丝的好奇心，引导、诱导粉丝去关注，因为关注后就知道答案了。

（6）抽象命名法

这类微信以新鲜、好玩、有趣为主，没有严格的规则和规范，目的只有一个：让粉丝感到眼前一亮。如槽边往事、琢磨先生、乐活铺子、小道消息、一些事一些事……

当第一次看到这些微信名时，绝大部分人都不知道到底在说些什么。然而，人有时候很奇怪，越是不知道说些什么越有深度了解的欲望。可见，在命名上只要抓住了人的这种朦胧心理也可以做到以"奇"制胜，所以很多看似稀奇古怪的微信公众号为什么还会有那么多人去关注，就不难理解了。

3. 朋友圈

微信相册就是我们熟悉的朋友圈，自己的相册可在微信中"我"版块看到，朋友圈是微信内容的主要组成部分，大部分人都习惯在朋友圈中展示信息。朋友圈中的信息可通过图文的形式呈现，图片限9张，文字没有明确限制，但为便于阅读，最好不要超过100个字。

另外，在设置朋友圈时需要重视朋友圈封面，封面是朋友圈的重要部分，也是最显眼的一部分，相当于朋友圈的背景图。封面是一张图片，可随时更换，设置技巧与头像部分一样，既要有特色，也要信息丰满，最大限度地表现企业、品牌和产品特色、企业的信息，意在让用户充分地了解。

4. 个性签名

个性签名是微信个性化打造的另一个重点内容，一般由几个词或一句话组成，可概括该微信的用途、特色、特点或其他，就是通过一段话让用户马上知道你是谁、你要干什么、能提供什么价值和服务。总之可把最想传递给用户的信息全部体现在个性签名里。

封面和个性签名的设置还可以弥补头像、名称的不足。如有些人的微信在头像、名称上受限于篇幅很难明确定位，表述也比较模糊，那么，这时就可通过个性签名加以细化、明确。个性签名可人为设置，且可以根据自己的需求随时更换。

对于个人微信而言，你的账号要有独特性、个性化，否则，很难在众多账号中脱颖而出。在账号的特色设置中，头像、名称和个性签名是最不可忽视的，做好这三个方面，就容易给用户留下深刻印象。

4.2 微信公众号

4.2.1 微信公众号在营销中的作用

通过微信公众号,企业可向消费者提供更多的信息、更完善的服务。与此同时,消费者也可以更快、更便捷地获取信息、享受服务。这对企业、消费者双方都是有利的,是移动端社交营销不可缺少的一部分。

> **案例**
>
> 维也纳酒店是一家国际性酒店,旗下有四大品牌,分别为维纳斯皇家、维也纳国际、维也纳和三好酒店,在业界素来享有很高的声誉,正如其宣传的那样,"舒适典雅、顶尖美食、品质豪华、安全环保、音乐艺术、引领健康"。2013年微信营销刚刚起步,维也纳酒店便意识到了其重要性,于年初开通微信订阅号"维也纳酒店",同年11月微信服务号也正式上线,目的是利用微信公众平台为客户提供订房业务。
>
> 由于公众号与订房系统直接相连,客户只要关注微信服务号,通过菜单即可快速预订。
>
> 维也纳酒店微信公众号为客户提供订房服务,移动订房直接取代PC订房,一时之间更多的人知道并开始关注维也纳酒店。据统计,维也纳酒店微信订房业务上线仅3个月,日订房量提升1200%,由以前的每天50房上升到2014年2月份700多房,到3月的每天1000余房,大大增加了酒店的业务量。

维也纳酒店微信公众号的开通,不仅仅是开通了线上订房业务,更重要的是进一步完善了其整体服务体系。通过该案例发现,微信公众号在企业经营、管理、业务完善中起着非常重要的业务,是抢占移动端资源的重要入口之一。

微信公众平台的作用是企业与用户之间的桥梁,企业可在平台上与用户进行文字、图片、语音多层面的沟通，用户也可以通过关注公众平台，了解更多的企业信息，享受其提供的产品或服务。微信公众平台的作用如图4-8所示。

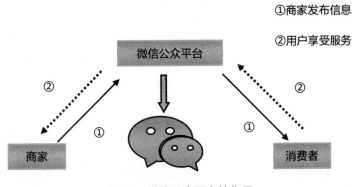

图4-8 微信公众平台的作用

从图4-8中可以看出，微信公众平台实现了企业与用户的连接，企业信息通过在平台上发布，供用户知悉和了解；用户通过关注微信公众号，了解企业动态、购买产品或享受提供的服务。

可见，微信公众平台在企业营销中优势十分明显，总结起来有三个，具体如下。

1. 对内容的管理更强大

微信公众平台在信息的推送和管理上十分强大，不但可群发文字、图片、语音、视频、图文消息等，还可以对信息进行高效管理，尤其是接口功能使得信息管理更具有优势，这是其他任何平台以及个人微信所有功能（微信群、朋友圈、摇一摇以及二维码等）所不具备的。

2. 点对面的全覆盖营销网

微信公众号与微信个人号是有区别的，在使用公众号前大家必须有这样一个认识：公众平台核心在"公"，即用户关注平台后可与平台交流，但平台由后台管理员管理，用户与用户之间无法自由交流；而用户关注个人微信后，用户与用户之间可以自由交流，微信所有者无法对其进行控制，这是最大的缺点，无法控制就无法精准营销（微信群、朋友圈、二维码等功能都属于个人微信范畴）。

从以上的分析来看，微信群、朋友圈更多的是一种个人行为，我们将它称之为点对点的行为；而公众号则上升到了集体行为、公众行为，即点对面的行为。这两种行为分别形成了两种截然不同的营销模式，具体如图4-9、图4-10所示。在各自的模式下，推广、宣传方式尽管有所相似，但效果则差距很大，后者比前者更系统、更完善，更有利于营销工作的开展。

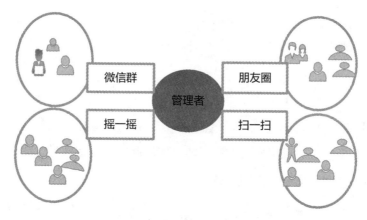

图4-9 个人微信管理者与用户点对点的营销模式

图4-10 微信公众平台管理者与用户点对面式的营销模式

微信公众平台是所有自媒体平台中功能最完善的，设置也是最人性化的，与微信本身的一些功能相比更具有优势。因此，做微信营销不能局限于使用那些功能单一的微信群、朋友圈等，更应该打造一个属于自己的公众平台。

3. 实现了PC端与移动端的完美闭环

以往对公众平台只能在PC端操作，然后再通过微信发送到智能手机、ipad等移动端。2015年下半年起，腾讯已经开通了移动版的公众号管理平台并进行了公测，从而实现了PC端—移动端的完美链接。

移动端管理平台是一个叫"公众号安全助手（mphelper）"的公众号，"公众号安全助手"意味着微信公众平台手机版面世，从而实现了PC端、移动端的同时操作，大大提高了公众平台的便捷性。公众号安全助手平台可群发图片、文字和图文等信息，查看留言、评论与赞赏，如图4-11所示。

图4-11　"公众号安全助手"群发功能

以上三个优势决定了微信公众平台在微信营销中的地位和意义，没有这个平台，或者说无法做好这个平台，所谓的微信营销就是不完整的，甚至没有太大的意义。如今那些优秀的企业或者在微信营销方面有突出成就的企业都有了自己的微信公众平台，他们的微信公众号也赢得了大量粉丝的青睐。

4.2.2 ▶ 微信公众号的类型

微信公众号可分为三大类型，分别为订阅号、服务号、企业微信（企业号），企业、商家需要根据自身需求选择相应的账号。三种账号在很多方面存在差异，从而影响到了实际的使用效果。具体差异如表4-1所示。

表4-1 微信公众号三大类型对比表

微信公众号类型	订阅号	服务号	企业微信（企业号）
消息显示方式	出现在订阅号目录中	出现在好友会话列表顶端	出现在好友会话列表顶端
消息显示次数	1条/天	4条/月	200条/分钟
关注方式	扫描二维码或者通过搜索关注	扫描二维码或者通过搜索关注	通信录成员可关注
信息的分享	可转发和分享	可转发和分享	可转发和分享。也可支持保密消息，防止成员转发
高级接口权限	暂不支持	支持	支持
定制应用	暂不支持	暂不支持	支持
自定义菜单	暂不支持	支持	支持

需要注意的是，一旦成功创建微信账号，其类型无法变更。微信公众号是企业转型新媒体运营的主要工具之一，当企业决定要开通微信公众号时就必须选择订阅号、服务号或企业号。

4.2.3 ▶ 公众号运用场景选择

公众号的运用场景可以分为两个部分来讲，一个是使用主体，即什么人在使用；一个是运用领域，即运用在哪些行业。在使用主体上，因账号类型的不同有所区别，在运用领域上则比较广，包罗万象，基本涉及所有领域，尤以零售、餐饮、旅游、医疗、电商、互联网等行业为甚。

1. 使用主体分析

在上面讲到，公众号可分为订阅号、服务号和企业微信（原企业号）。三种不同类型的号，运用主体上也不同，具体如下。

（1）订阅号

订阅号的使用主体为个人、媒体、社会组织。订阅号最初的定位只是针对个人和媒体，社会组织和企业并不在范围之内。然而，任何一个平台也正是有企业的参与才更有影响力，才更容易被普通大众所认知和接受。在这种演变中，订阅号也逐步对企业开放。目前，大量企业参与进来，至此形成了一个四位一体的用户体系，如图4-12所示。

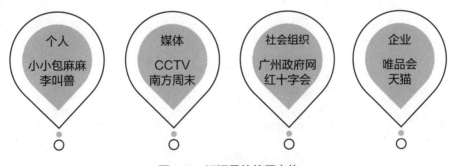

图4-12　订阅号的使用主体

（2）服务号

服务号更多的是针对企业，包括具有企业性质的媒体、社会组织等。与订阅号相比，服务号的使用主体范围较窄，最大的不同就是不再适用于个人。毕竟服务号是一个以提供服务为主的平台，偏重于与用户的互动，如银行、医院、学校、中国移动、联通等提供服务为主的企业，它们需要时刻向用户提供自己的服务，开通服务号再好不过了。

案例　在北京移动微信服务号上，用户只要绑定自己的手机号码，就可以通过下方的导航菜单线上办理所有业务，如话费充值、流量直充以及卡号办理、余额查询、积分兑换、宽带续费、开通特权等其他更多业务，北京移动微信服务号如图4-13所示，同时也可联系人工服务，想办理任何业务直接点击即可。

图4-13　北京移动微信服务号

（3）企业微信

企业微信原叫企业号，在使用主体的定位上范围更窄，仅限于某企业内部。通过该平台，企业内部可以很好地连接起来，形成一个移动的系统的整体。如召开线上会议、管理员工、管理客户等，不必在线下进行，通过企业号平台都可以轻松、高效完成。

案例

玫琳凯企业号打造企业内部最小反射弧，通过建立"新闻公告""投票""自助客服"及"人工客服"的内部管控体系，可以快速触达公司内部新闻，减少不必要的中间环节，还给所有员工提供了一个寻求远程技术支持的入口，玫琳凯IT部有职员7×11小时待命，为员工解决技术问题，工作效率大大提升。

2. 运用领域分析

随着微信公众号的普及，用户数量大量增加，业务模式不断完善，公众号在运用领域上也达到了前所未有的广泛，可以说，现在公众号的"触角"已经延伸到所有行业，现在几乎没有哪个行业不开通微信公众号。

当然，不同的公众号性质不同、用途不同，并不是任何行业、任何企业都要适用，也并不是只要开通了公众号就一定能收到预期效果。该不该使用公众号，如果使用又该用哪个类型的，还需要综合考虑、全盘分析、从实际出发。这个实际一般包括以下三个方面。

（1）根据订阅号、服务号、企业号的特点、优势而定

对比三个号很容易就会发现，订阅号的优势在于信息的传递和互动，一方面每天1条的信息发布量满足了运营者的需要，另一方面也便于与用户互动，订阅号发送的信息和资讯会显示在用户的订阅号文件夹中。这类账号比较适用于媒体机构、政府机构等，以实现消息推送、信息分享和反馈，如南方周刊、中文在线等。

服务号的优势在于能建立相对稳固的服务模块，为用户提供某种具体的服务。比较适用于餐饮、旅馆、电商平台等以服务为主的企业，如大众点评、京东JD.COM等。

企业号最大的特点是供企业内部使用，可很好地搞好内部运转，维系企业和员工、企业与上下游供应商的关系。由于是内部沟通和交流，所以较前两种而言保密性更好。一般适用于内部组织机构较复杂的大型集团性企业，如美

的、东方航空等。

（2）根据企业（个人）自身需求进行选择

无论是企业微信公众号还是个人微信公众号，建议首先开通订阅号。至于是否做服务号可视情况而定，当然目前个人还无权开通服务号。开通服务号的前提是评估一下自身是否有更多的服务向用户提供，以及是否一定有必要通过微信来提供，如果没有就不要勉强，否则4次/月的"露脸"机会远远不够，就很容易被用户遗忘。

（3）根据企业的运营能力而定

能否同时运营两个微信公众号还有一个非常实际的决定因素，即需要配备足够的运营人员和技术支持。尤其是做服务号，需要深层次的技术开发，需要系统的功能规划，需谋定而后动，没有这几项即使开通了也可能会长期搁置下来。

最后给出三条具体的建议，如表4-2所示。

表4-2 对微信公众号的具体建议

先做订阅号，再做服务号	对绝大多数企业而言最好先从订阅号做起，先做好订阅号，通过订阅号形成好的沟通机制和氛围。当数据量足够大，而很多需求又无法通过订阅号满足时，再升级为服务号，就是一个水到渠成的过程
服务性企业优先做服务号	对于银行、电子商务企业、航空企业等与客户经常发生关系的企业，可以优先选用服务号，在用户消费过程中不断给予服务性的提示，提供订单、行程、路线、航班信息等的及时提醒和查询，并提供实时的在线客服
一定要做在线客服	无论服务号还是订阅号都需要做好在线客服，基于实时沟通的在线客服是微信公众号的价值所在，不能忽视。未来"微信客服中心"很有可能和电话客服中心一样，成为企业新的客服模式

综上所述，无论从使用主体角度来看（企业、媒体、社会团体或个人），还是从运用领域来分析，在做微信公众号之前都需要好好想想：账号到底能够给用户提供什么?账号的定位和核心功能是什么？账号能提供哪些独特的价值？

4.2.4 ▶ 微信公众号的基本设置

同微信个人号一样，微信公众号也需要进行一番设置，较之个人号，公众号的设置要复杂得多，既包括头像、名称这些基本设置，也包括一些特殊的设置。具体如下。

1. 头像和名称

头像和名称是公众号给人的第一印象，虽然只是个符号，但对于企业来讲代表着形象、文化和核心价值。头像和名称作为微信公众号重要的一部分，必须要下一番功夫去设置，这如同企业名称、品牌或产品的名称一样，会让更多的人记住、识别。

具体的设置方法和技巧可参考个人微信，两者有异曲同工之妙，这里不再赘述。总之，头像的选择和名称的拟写是技术活，必须掌握必要的方法和技巧。

2. 自动回复设置

自动回复设置是公众平台的重要组成部分，主要运用在两个场景当中：一是当用户第一次关注公众号，公众平台会自动回复一些类似于自我介绍或提示的信息，如欢迎语、引导语等；二是当把信息群发出去之后，经常会收到用户的回复和反馈，这时需要进一步交流沟通，也常会用到自动回复功能。

微信公众平台有三种自动回复，分别为被添加自动回复、消息自动回复、关键词自动回复。

登录微信公众平台，点击右侧"功能"选项进入"自动回复"，然后点击编辑模式即可对自动回复进行设置，如图4-14所示。

点击页面右侧的关闭滚动条向右拖动，即可开启"编辑模式"，然后点击"启用"，点击"设置"，我们会看到页面右侧出现上述的三种自动回复设置信息。具体操作流程为功能→高级功能→编辑模式→自动回复（即可添加相应的关键词自动回复信息）。

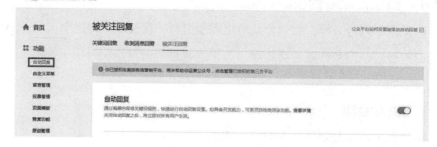

图4-14 微信公众平台后台"自动回复"设置页面

（1）被关注回复

在后台管理界面的左侧管理列表中有选择"自动回复"按键，选择"被关注回复"就可以在跳出的编辑框中输入想回复的消息。最多可以设置600个字，包括插入文字、声音、图片、视频、链接地址。

该信息会在用户关注微信公众号后自动弹出，用以和用户进行初步的交流，比如欢迎语、进一步操作提示等。

这里重点介绍下关于欢迎语的设置。欢迎语，顾名思义就是与用户打招呼，就像平时朋友见面总要打声招呼以示礼貌，是自动回复设置中必不可少的内容。但在公众号这个特殊的媒介上不是简单的客套话那么简单，因此在设置时需要遵循一定的原则，具体如表4-3所列。

表4-3 微信欢迎语的设置原则

招呼	以亲切的语气、新颖的语言向用户打招呼
定位	给公众号以定位，让用户知道你是谁、是干什么的、擅长哪些东西
栏目	向用户展现一部分内容，如一条信息、一篇文章，目的是提起关注者的兴趣
引导	直接引导关注者查看历史消息、菜单栏、回复关键词，总之来讲就是直接告诉用户如何做。值得注意的是，这种引导要简单，越简单越好

（2）收到信息回复

与"被关注回复"相同，收到信息回复同样可以添加最多600个字的回复内容，包括文字、声音、图片、视频，不同的是不能添加链接地址。这个模块下的信息，只有在用户做出回应时才会自动弹出，否则不会激活。

这种回复一般出现在公众号"自定义菜单栏"中，如公众号智创管理设有"智创课堂"菜单，其下又有二级菜单"微课堂"，当用户点击该菜单时就会收到后台推送的自动回复内容，如图4-15所示。

图4-15　消息自动回复功能示例

（3）关键词回复

"关键词回复"大大增加了运营者与用户的互动，当用户输入某个关键词，触发自动回复时后台就会自动推送设置好的内容。仍以公众号智创管理为例，输入关键词"我要读书"，就会收到以下自动回复的内容，如图4-16所示。

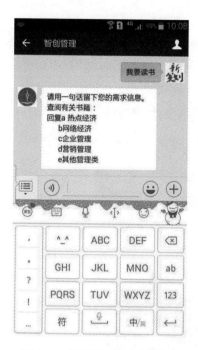

图4-16 关键词回复功能示例

在设置"关键词自动回复"时需要注意字数限制,平台对关键词字数、回复内容字数等都有严格的要求,具体如表4-4所示。

表4-4 关键词自动回复输入规则

类别	名称	关键词	回复
具体规定	不超过60个汉字,最多可以设置200条	单个关键词不超过30个汉字,每条信息最多设置10个关键词	每条规则最多设置5条回复,单条回复不超过300个汉字
注意事项	（1）关键词自动回复可以添加文字、声音、图片、视频,链接地址可以输入,但是不支持超链接至网页 （2）自定义回复最多设置200条只是理论上的,也就是最多200条可以创建200个不同的规则,但是这个200条微信官方并没有明确说明 （3）回复内容可以在界面中进行设置,可以选择每次都推送全部回复,也可以选择仅回复部分内容。如每个规则里可设置10个关键词,若设置了相同的关键字但回复内容不同,系统会随机回复;每个规则里可设置5条回复内容,若设置了多个回复内容（没有设置"回复全部"）,系统会随机回复		

3. 自定义菜单设置

微信公众号的"自定义菜单功能"是一个机动性极强的功能，主要表现在运营者可根据自己的需求自由设置和开发。如果说上述两个功能只能链接到内部的素材图文，那么自定义菜单则是一个链接外部素材的功能。比如，链接到微店；链接到微网站的某一款产品；链接到微商城；链接到更多微信第三方应用系统和功能。

如果微信公众号是一个流量入口，那么自定义菜单就是一个管道，负责把流量引向运营者想要的外部渠道——微店、产品、项目和服务上面去，如在线订餐、订票、天气查询、快递查询、缴费等。自定义菜单设置使公众号变得丰富多彩，变得强大。可以说如果没有自定义菜单功能，微信公众平台将会陷入千篇一律的境地，毫无特色、个性化而言。微信公众平台后台"自定义菜单"设置页面如图4-17所示。

图4-17 微信公众平台后台"自定义菜单"设置页面

自定义菜单最大的优点是减少了用户的认知门槛，可以将公众号里的重点信息入口直观地展现给用户。当拥有这个功能的开发权限时，公众号的信息将会更加完善、更加系统，便于用户更好、更快地获取信息，一目了然地了解相关服务。

目前，利用自定义菜单可以设置三个主菜单，每个主菜单下可以设置最多5个子菜单。点击主菜单会弹出该菜单下的子菜单，点击每个子菜单将会触发请求，会跳出相应的回复信息和链接网页，这也预示着微信营销不再是单纯的消息推送和回复（暂不支持未认证的订阅号）。

以京东JD.COM、智创管理为例，如图4-18、图4-19所示，都很好地展示了"自定义菜单"功能的强大，可实现公众号个性化定制。京东针对"双11"分别设置了"11.11狂欢""新用户礼包""我的服务"三个菜单；智创管理根据业务需求设置了"智创课堂""我的服务"等菜单。

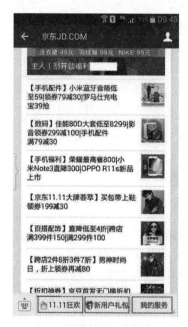 

图4-18　京东自定义设置示例　　图4-19　智创管理自定义设置示例

自定义菜单设置有助于企业打造一个个性化十足的公众平台，对用户来说，则可大大丰富阅读体验。当用户添加一个公众号时，如果发现该号上有较为有趣的或者有价值的自定义菜单，就很容易对公众号产生更高的关注度。

4.2.5 ▶ 微信公众号文章写作技巧

微信公众平台文章作为微信公众平台运营的重要部分，直接决定着公众号的质量。高质量的微信公众号一定离不开具有阅读价值的文章。纵观那些优秀的微信公众平台，之所以可吸引众多粉丝，最重要的原因就是里面有高质量的文章。本小节重点介绍微信公众平台文章的群发规则和构思、策划与撰写。

1. 文章的群发

群发功能是微信公众平台最主要的一个功能，通过此功能可以实现信息的快速传播。下面将重点介绍如何使用该功能。

在使用该功能时需要登录微信公众平台，登录后在首页即可看到发布界面，如图4-20所示。

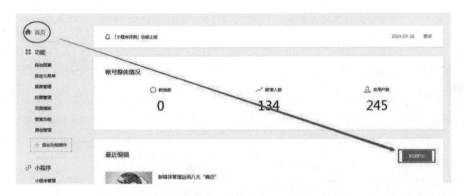

图4-20 微信公众平台后台"群发"界面

（1）新建发送消息

首先介绍的是"群发功能"，单击"群发功能"会出现两个管理模块，一个是"新建群发消息"，另一个是"已发送"。

"新建群发消息"是满足管理员现场编辑发送内容的需求，这时可在新建编辑框中输入需要发送的文字，还可以根据需要插入语音、视频、图片等内容。

"已发送"是满足管理员查看、修订已发消息的需求，如果需要对发送的消息重新处理的话则点击"已发送"操作。

设置这两个管理模块的目的，是因为群发消息并不是实时生效的，即在"新建群发消息"中输入好内容，点击"群发"后该消息并不会马上推送给用户，而是自动存入"已发送"列表中，在右边的状态栏中显示为"发送中"，时间为10～20分钟，这期间管理员可根据需求进行修改，当完成发送时，状态栏会显示为"发送完毕"。

同时，对于已发送的消息可以进行删除处理（正在发送的消息是无法删除的）。当该条群发消息显示状态为"删除"，则表示已经被后台删除成功。

（2）选择群发对象

群发对象可分为两大类，一个是全部用户，一个是可选择用户。在可选择用户中后台对群发对象的性别、地区做了进一步限制，如果群发对象选择"全部用户"，直接点击发送即可，如果选择可选择用户，可对性别、地区一栏进行限制。

（3）注意群发规则

后台对群发规则也提出很多要求，比如人数、频率、内容以及其他不同形式的要求，如表4-5所示。

表4-5 微信公众后台消息群发规则

群发规则	要求
人数	无限制，只能群发给粉丝，不支持群发给非订阅用户
频率	订阅号1条/天；服务号4条/月；企业号无限制
标题	不超过64个字节
内容	不超过600个字符或汉字
语音	不超过5MB、60秒，仅支持mp3、wma、amr格式
视频	不超过20MB，仅支持rm、rmvb、wmv、avi、mpg、mpeg、mp4格式
图片	上传至素材管理中的图片、语音可多次群发，没有有效期
语言	暂时仅支持中文和英文

2. 微信公众平台文章的写作和构思技巧

要想写好微信公众平台文章，必须综合考量，不同类型的文章，其目录拟写、遣词造句、篇章句的构思以及写作方法都有所不同。为了更好地了解，我们将公众号文章分为以下六大类。

（1）设置悬念型

即通过设置悬念来激发读者的阅读欲望、兴趣。运用这种方法的核心是把握住"悬"字。设置悬念一般有两种方法，一是要多嵌入些带有悬念性的、令人思考的关键词，如"原来是这样""万万没想到""据说""秘密""秘诀""真相""背后"等；另一个是多用反问、设问等疑问句，先提出一个问题给读者，暂时不管这个问题是否合理、有没有正确答案等（这些可隐含在文中），目的就是先引起读者的注意。

> **案例**
>
> 某微信公众号上曾有一篇防雾霾的文案《关起房窗，就能将外界雾霾阻绝于门外吗？》采用的就是悬念式的标题。这样的标题用得非常到位，只看标题就会让人浮想联翩：在雾霾非常严重的情况下，关起窗户真的就能阻挡雾霾吗？这就是该标题留给读者的悬念，因为有悬念读者心中才会有疑惑和好奇，才能产生继续阅读的兴趣。

（2）直接提问型

即用问句的形式来拟写，疑问句、反问句、设问句、明知故问式的、自问自答式的都可以，如果想拓展一点的话还可以采用其他类型的提问，如封闭式提问、选择式提问、强调式提问等。问句除了有设置悬念的作用外，一般还有引出话题、自我解嘲、启发读者思考等作用。因此，以问句作为标题是一个技巧，很容易激发读者的好奇心，并可进一步激发他们去思考、参与讨论。

这样的文章很多，以下是选自公众号的文章标题：

《你知道你的滴滴里程可以做一件令人羡慕的事吗？》

《众筹，到底是骗子还是创新？》

《如果有70万元巨款在你面前，你会这样选择吗？》

（3）讲故事

故事式文章是微信公众平台上的文章很常用的一种标题形式，最主要的特征之一就是体现出了可读性。看到标题就想听一则故事，相比于看无聊的文字，人人都爱听故事。这类标题可极大地激发读者的阅读欲望和兴趣，引导读者进行更深层次的思考，达到自动传播和分享的效果。值得注意的是，尽管故事式标题具有了故事性，但受制于字数，并不意味着就像讲故事一样要长篇大论，这里重点不是讲故事，而是要用讲故事的思维去提炼、去表现。

> **案例**　优衣库微信公众号上曾有篇文章《那些年傍晚5点，你在电视机前等谁？》就采用了故事式的标题。一看这个标题，眼前是否会呈现出一个温馨的画面，甚至可以带你走进童年回忆中。

（4）紧跟时事型

在文章的构思、写作中还有一种方法运用得非常多——紧跟热门事件和人物，即借势。巧妙与当下最最热门的话题、事件、明星人物、流行元素、新闻事件等结合，给标题贴上热门标签，以此来吸引读者的眼球。

如人们普遍对社会热点事件、明星名人趣事、八卦等感兴趣。在光环效应影响下，这些事件的传播范围更广、速度更快，受关注度更高，产生的社会效应也更大。因此，社会上的热点事件和人物完全可以成为文案标题策划的素材。在标题中适当加入这些素材，可使文章更应时，容易满足部分人的特殊要求。

> **案例**　Feekr旅游，因极具文艺范而深受年轻出行一族的青睐。其在微信公众号上推送的一篇文章《欢乐颂安迪肤白貌美的秘诀，这个夏天你还缺一顶时尚sence满分的草帽》就采用了紧跟热门拟写思路。因推送时正值《欢乐颂2》热播之际，所以标题引用了剧中主角之一的安迪来做渲染，这也成了这篇文案的最大的亮点。

（5）广告宣传型

文章最终目的是宣传、推广其中含有的品牌、产品或服务信息，让阅读到这篇文章的读者接受和认可。因此，文章策划人员、创作人员在写一篇文章时必须有这样的定位：无论写什么样的文章首先必须保证具有广告的作用，便于宣传。

文章某种程度上来讲就是广告，只不过广告的潜入有的明显些，有的隐匿些。我们把带有明显广告特性、侧重于宣传的文章称作广告宣传型文章。基于此，我们需要全面认识一下这类文章以及其文案策划要点。

广告宣传型文章是经常看到的一个类型，公众号中这种类型文章最多。它有着超强的宣传性，对企业品牌、企业形象的树立，产品和服务销量的扩大、消费者购买欲望的诱导都有很大的促进作用。

这类文章有点类似于我们日常生活中看到的硬广告，核心都是围绕所宣传的产品或服务展开的，但又具有软文"软"的特性，没硬广告那么直白，赤裸裸地告诉消费者该怎么做。既然是软文还是要遵循软文的写作原则，突出诱导性，起到抛砖引玉的作用——用看得见的利益或好处，去激发消费者的潜在需求。

（6）情感诱导型

感情是能真正触动读者心灵的。很多企业在进行营销和推广时讲究以人为主、体验至上，某种程度上就是突出了情感的因素。其实，情感体验是最容易深入人心的，做营销工作，如果能抓住消费者的情感那就成功了一半。写文章也是同样的道理，只要抓住"情感"这个核心，以情感人、以情动人，那么就很容易俘虏很大一部分读者的心。

写情感诱导式的文章，重在将情感自然、充分地融入到所要宣传的品牌、产品中，与其精髓完美融合，而不能硬性地将其捆绑在一起，否则不但不能给人以美妙的感受，还有可能适得其反，影响读者的心理体验。

这就需要在写之前善于提炼品牌、产品的核心价值，蕴藏的文化内涵所在，找到与某种情感的共同点。

首先，坚持原创。情感要想打动人，必须坚持原创，写出发自内心的情感。

其次，观点独特。无论是何种格式的文章，都要有自己的观点，情感也不例外。观点鲜明、独特的情感文章，更能引起读者的关注。

第三，思考性强。情感式文章在宣传广告对象的同时，要能引起读者的思考，只有引起思考了才能在读者的脑海留下深刻的印象。

第四，结尾开放。情感式文章最好形成开放式的结尾。与闭合式结尾相比，开放式的结尾更能引起读者参与讨论，引发读者发散式思维。好的情感式文章加上开放式的结尾，甚至能媲美事件营销带来的效果。

最后，易于共鸣。情感式文章的最高境界就是易于引起读者共鸣。只有当读者对文章产生了共鸣，才会更快地转载、传播，在网络形成铺天盖地的宣传效果。

 **微信小程序**

4.3.1 ▶ 微信小程序的概念

微信小程序简称小程序，又叫应用号，是一种不需要下载安装即可使用的应用，2017年1月9日正式上线。该应用最大的特点是嵌于微信公众号中，使用方便、触手可及、用完即走，成为微信公众平台重要的一环。

微信小程序出台后逐渐显现出了它的威力，各种新服务不断上线，越来越贴心。国家邮政局与微信合作推出了首款寄件小程序"安易递快递"，发件、查件、实名认证多项服务一站式解决。

> **案例**
>
> "安易递快递"小程序的寄件功能可实现一键式寄件,进入小程序后只需选择快递品牌,在线填写寄件地址、物件名称、取件时间等,足不出户即可搞定。如果不知道收件人的地址,还可以直接分享给对方,让其来填写,完成后也能共享该快递的物流信息,共同实时追踪。为了方便寄件,还可以通过小程序完成实名寄快递、查快递。
>
> 另外,该小程序还有扫码功能,用手机直接扫描快递单上的条形码并自动匹配快递品牌、返回物流信息,还会自动保存查件历史,避免重复输入或扫描。

从运行角度来看,小程序是一种新的开放能力,它实现了应用"触手可及"的梦想,用户通过微信扫一扫或者搜一下即可打开应用,也体现了"用完即走"的理念,用户不用关心是否安装太多应用的问题。开发者可以快速地开发一个小程序,在微信内被便捷地获取和传播,同时具有出色的使用体验。

小程序是一种不需要下载安装即可使用的应用,应用将无处不在,随时可用,但又无需安装卸载。

对于企业来讲,拥有小程序也非常简单,小程序与订阅号、服务号、企业号是并行的体系,全面开放后,企业、政府、媒体或团体组织都可申请。申请步骤如下。

(1)打开微信公众平台 https://mp.weixin.qq.com/,在右上角点击"立即注册"。

(2)选择"小程序"的选项。

(3)填写基本信息,每个邮箱仅能申请一个小程序,填写完成以后系统会发送一封确认邮件到你所填写的邮箱。

(4)从邮箱打开确认链接,完善注册信息。这里要提醒两点:一是目前仅限企业、政府、媒体、其他组织注册,个人暂时不能注册;二是注册完成后需要交300元认证费来通过认证。

(5)填写完信息即注册成功,成功后可跳转到登录成功首页,登录成功后还需要认证企业信息方可使用。

(6)填写小程序基本信息,包括名称、头像、介绍及服务范围等。

(7)完成小程序开发者绑定、开发信息配置后,开发者可下载开发者工具、参考开发文档进行小程序的开发和调试。

(8)提交审核和发布。完成小程序开发后,提交代码至微信团队审核,审核通过后即可发布(公测期间暂不支持发布)。

4.3.2 ▶ 微信小程序的应用场景

不同的小程序用途不同,可运用于不同的场景,如网购、买电影票、餐厅点菜、酒店预订、旅游;查询股票、查询天气信息、查看新闻、收听广播;查询公交、网约出租车、共享单车等。

微信上的小程序其实早已有之,如微信的钱包中有手机充值、生活缴费、酒店等各种功能,如图4-21所示。

图4-21 微信上早期未开放的小程序

点击进入这些功能之后看到的就是一个个网页应用,这些网页可以称为是小程序,只不过目前为止都是腾讯内部提供的。小程序的开放就是指让其他第三方公司也可以开发自己的应用,这些应用可以在微信中快捷地展示,而不需要单独下载应用程序。

随着小程序正式上线，用户现在可以通过二维码、搜索等方式体验到开发者们开发的小程序了。

用户只要将微信更新至最新版本，体验过小程序后，便可在发现页面的小程序列表中发现该小程序。

4.3.3 ▶ 微信小程序的传播优势

1. 更容易搜索和查找

微信小程序在微信中主要显示在两个地方，一个是微信"发现"界面；另一个是微信聊天下拉界面。下拉微信聊天界面即可进入"我的小程序"及最近使用过的小程序界面。这意味着用户可快速在小程序和微信聊天界面之间进行切换。在微信聊天时可快速进入"我的小程序"界面，在"我的小程序"界面中也可快速返回至微信聊天界面，切换界面如图4-22所示。

图4-22　小程序与聊天之间的便捷切换

只要是使用过的小程序，将以列表的方式呈现在小程序列表中，如图4-23所示。

图4-23 小程序列表的呈现方式

2. 操作便捷

微信小程序被誉为移动互联网中的新贵，它的出现将"杀死"一切App。小程序最大的优势是无需安装，只需要扫描二维码或是搜一搜就能立即使用，就像关注微信公众号一样，只需知道它的名字或者二维码。如一客户想在同程旅行网线上预订旅游，就可以直接关注同程旅游体验店小程序，如图4-24所示，找到相应的服务项目。

也可以在搜索栏中通过查找关键字进行搜索，找到所要找的小程序，点击进入即可使用。例如，查询共享单车，输入关键字"单车"就会出现所有与单车有关的小程序，如阿拉单车、优优单车……，如图4-25所示。

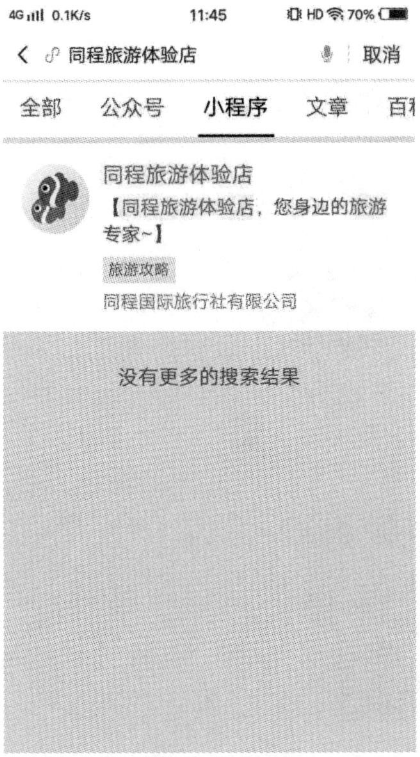

图4-24　同程旅游体验店小程序 　　图4-25　与单车有关的小程序

3. 交互性更强

在整个微信中，小程序与订阅号、服务号、企业号是并行的体系，全面开放申请后，主体类型为个人、企业、政府、媒体或其他组织的开发者均可申请注册小程序。

但与公众号相比，小程序要优于公众号。微信小程序提供了丰富的框架组件和API接口供开发者调用，基于这个小程序的运行能力和流畅度可以和原主程序有一样的体验，在获取更好体验的同时，交互性也更好。

这种体验性、交互性体现在两个方面，一个是用户与用户之间的交流互动；另一个是用户与开发者之间的交流互动。

用户与用户之间的交流互动是指小程序的转发功能，一个用户在使用某个小程序感觉非常好时可分享给自己的朋友，如图4-26所示。

图4-26　小程序分享展示

如果说用户与用户之间交流这一层面,无法特别明显体现出小程序优势的话,那么第二个层面的优势则比较大。

第二个层面的交流互动是在用户与开发者之间,体现在小程序上就是可对特定功能进行设置。以某健身类的服务号为例,该号主要向学员提供健身服务,如推送新课程信息等。然而,这种互动主要是单方面的,往往是开发者单方面推送,用户被动接受,但如果有学员希望根据自己的时间预约课程、预约教练单独指导等,利用服务号是很难做到的,除非开发者自己开发一个完整的预约系统嵌入其中,用户下载使用。

当小程序出来后用户就不会再有这样的担忧,预约这件事情就会变得非常容易。开发者只要开发出一个具有时间预约功能的小程序即可,用户可以随时随地用这个小程序预约自己想要的课程、喜欢的教练。反过来讲,对于运营者来说,也使自己的服务更特色化、更个性化,更容易满足用户多样化的需求。

4. 性能优越

相比之下移动App流量成本较高,微信小程序能减少所有产品对用户时间的竞争。小程序是对移动App的进一步简化和优化,开启了Super移动App,或者说是Light移动App的时代。因此,小程序就是一种轻移动App模式。

所谓的轻就是可对某些重要的功能进行优化,使某个功能更突出。如以往很多移动App中,尤其是综合性的移动App往往会嵌入很多功能,这样做的缺点是干扰了用户的体验,同时下载后占据的空间也很大。而小程序可将移动App中最核心的功能进行保留,舍弃一些不太实用的功能。

如图4-27所示的滴滴出行小程序,仅保留了叫车功能,而移动App中的地图、出行方式选择、用户界面、商城等功能都被舍弃掉了。

图4-27 滴滴出行小程序界面

第5章

微店/微商城：
将实体店"搬进"移动端

微店、微商城是移动互联网与移动（智能）设备高度结合的产物，它的出现直接将实体店、PC端网店搬到了移动端，有助于买卖双方更便捷、更高效地营销和互动。本章对微店常见平台、基本功能、营销技巧，微商城基本功能、开发与应用、营销技巧进行详细阐述。

5.1 微店

微店又称为移动店铺,是具有"划时代"意义的一种网店形式,将线上店铺的准入门槛降到历史最低。同时,运营也非常简单,商品的上下架、编辑等功能都非常简单,被誉为"傻瓜"式的店铺。

微店在2014年初就已经出现,并很快引发了一股开店潮流,超低的准入门槛迅速吸引了一大批用户。

> **案例**
>
> 顺逛微店是海尔集团旗下的一个线上平台,该平台采用了三店合一的运营模式,即将原先各自为政的线下店、线上店、微店放在一起优化配置,实现资源和利益的共享、共创、共赢,既可以为线下店提供交互工具,为消费者带来场景化的智慧购物体验,也可以为线上店、微店店主搭建一个专属的创业平台,创造自主创业机会。
>
> 顺逛微店拥有一键开店的功能,开店十分便捷,且针对所有人群开放,包括内部员工、经销商、海尔产品的忠诚用户等。目前,该平台已经成为一个聚集内部员工、大学生、创业青年、全职妈妈在内的卖家大平台。他们依托海尔多年积累的产品优势、技术优势、物流服务资源,轻松做起了"小老板",而这对于消费者来讲也是受益多多,可以说享受到了更多差异化的产品和服务。

随着微店的大范围运用,越来越多的传统企业开起了微店,实体较雄厚的还自建微店体系。上述海尔的案例就是企业自建微店体系的代表,除此之外,还有国美、苏宁等。开微店的好处在于一方面可以将自己的产品搬到移动端,满足线上市场需求,另一方面还可以让用户更多地参与销售,人人都可以成为卖家,从而充分调动大众资源为销售服务。

5.1.1 ▶ 微店开启移动端社交营销新时代

随着移动互联网的发展，微店是企业、商家进行移动端社交营销必不可少的一种途径，为买卖双方提供了一个完美的闭环生态环境。开微店对于任何人来说都不是难事，而且由于成本低、门槛低、易管理、易推广、易与粉丝形成有效互动等诸多优势，被认为是移动端社交营销新时代开店新模式。

微店营销的优势主要体现在以下三个方面，如图5-1所示。

图5-1　微信营销的优势

1. 门槛低

微店最大的优势就是人人可以开店、人人可以创业，当然，个别行业有严格的准入门槛，但较之传统店铺低得多。正是这点使微店店铺的数量呈猛增趋势，这也是无论是新型互联网企业、微商，还是传统企业都纷纷转做微店的原因，这说明微店真正地改变了很多人的创业思维，转变了企业的营销思路。

2. 成本低

开微店成本低，基本上是零费用，现在各大微店平台都是免费开店，基本可以做到一键开通。同时，微店的推广费用也较低，基本靠用户的口口相传，如微信朋友圈中各式各样的微店广告，有很多都是依靠朋友的转发和分享实现传播。这种方式似乎毫不起眼，可很多人能将公司销售额做到几百万元、几千万元，甚至更多。

卖家可自主上传、下架商品，对商品进行分类管理，并利用系统内提供的促销工具展开多种手段的促销；买家可随时随地浏览所有商品信息，同时进行购买、支付等。

3. 更高效

做微店就可以赚钱，这是以往任何一个时代都没有过的。传统的商业竞争都是商业空间的抢占，谁在商业终端的货架、排面和空间的占有率越高，谁的势力就越强。而今，在移动互联网时代，空间已经不重要了，重要的是时间，看你能不能抢占用户的时间。

五格货栈——一家只在微信上卖车厘子的微商。据创始人潘定国自述，只要有一个用户在朋友圈晒一下五格货栈的东西，平均就会有5个用户关注他们的公众号。这个传播速度非常惊人，就像生物链上螺旋式上升的DNA，是成倍成倍地增长，这是任何传统营销都无法做到的。

5.1.2 ▶ 常见的微店平台

基于不同的平台，微店分为很多类型，从店铺性质上看有两种，一种是企业内部平台，另一种是第三方服务平台。

企业内部平台大都有产品生产、研发、销售、售后等一系列的前后端能力，开设微店的目的就是为自己服务。有的平台也对外开放，但对经营范围做了明确限制，店主必须经营平台所提供的配套产品或服务，如前面例子中提到的海尔顺逛微店，包括国美、苏宁微店也属于这类型。

第三方服务平台以提供店铺经营、推广服务为主。由于没有产品的前后端能力，店主经营范围较广，只要不经营国家政策、平台明令禁止的产品，完全可以按照自己的资源、特长而定，如微信小店、京东微店等。

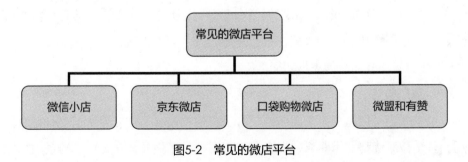

图5-2 常见的微店平台

因此，在开通微店前需要先选择一个平台，然后根据平台要求申请开通、注册账号。但由于目前大多数店主开店都选择在第三方平台上，接下来将重点介绍四个最常用的第三方平台，如图5-2所示。

1. 微信小店

微信小店是微信公众平台上附属的一个功能，它是基于微信公众平台而打造的一个店铺，于2015年5月底正式推出。企业、商家微信小店开通后，即可直接接入微信公众号中进行商品管理、订单管理、线上支付等，在公众号内就可完成所有的销售流程。

微信小店的开通非常简单，只要注册微信公众号即可。具体步骤为进入微信公众平台后，单击"添加功能插件"，如图5-3所示，再点击微信小店图标即可。

图5-3　微信公众平台上的微信小店添加界面

需要注意的是，开通微信小店需满足以下三个条件。

（1）对微信服务号进行认证（个人无法开通认证，需要支付审核费用300元）。

（2）提交详细资料，缴纳风险保证金（需要提交的资料包括商家基本资料、业务审核资料、财务审核资料）。

（3）必须开通微信支付功能。

2. 京东微店

京东微店是依托于京东商城的一个手机购物App，与PC端京东商城完全打通。京东微店优势非常明显，为企业、商家提供了更多样化、更多场景的功能和服务，如1对1的沟通、闪电发货、退换货等，因此吸引了众多品牌入驻，如优购、森马、达芙妮等。

京东微店的优势如图5-4所示。

图5-4　京东微店的优势

与开通微信小店一样，开通京东微店同样需要先注册并经过认证。开通京东微店需用QQ号，而且该QQ号必须是无网购清退记录、非或非正在申请拍拍小店的号。值得注意的是，注册时在页面上会有三种微店类型，如表5-1所示，此时应根据自己需求选择其一。

表5-1　京东微信公众平台上的三种微店类型

类型	适用情景	入驻要求
旗舰店	适合自有品牌（商标为R或TM状态）的商家	须经营一个自有品牌商品的品牌旗舰店；经营多个自有品牌且各品牌归属同一实际控制人的品牌旗舰店；由服务类商标所有者开设的卖场型旗舰店（仅限特邀入驻商家）
专卖店	适合持品牌授权文件在京东微店开设的商家	须经营一个授权销售品牌商品的专卖店；经营多个授权销售品牌的商品且各品牌归同一实际控制人的专卖店
专营店	适合经营两个及两个以上品牌商品的商家	须经营两个及两个以上他人品牌商品的专营店；同时经营他人品牌商品和自有品牌商品的专营店；经营两个及两个以上自有品牌商品的专营店

选择店铺类型后，接下来就需要提交相关的注册资料（具体可参考注册页面上的要求），最后等待平台的审核，审核成功后即可开通。值得注意的是，京东微店目前仅向企业用户开放，不支持个人用户。

3. 口袋购物微店

口袋购物微店是依托于口袋购物网的一款购物类移动App于2014年正式推出，至今已经成为企业尤其是个人用户非常喜欢的一个平台。口袋购物微店最大的特色是除了对企业用户开放外，还对个人用户开放，适合任何人，用户只要提供手机号码即可开通。

登入口袋购物微店官网或在手机应用商店直接下载App，安装到手机上。进入微店，根据提示找到注册菜单，输入手机号、姓名等信息，成功注册完账号后即可创建店铺。具体开通流程如图5-5所示。

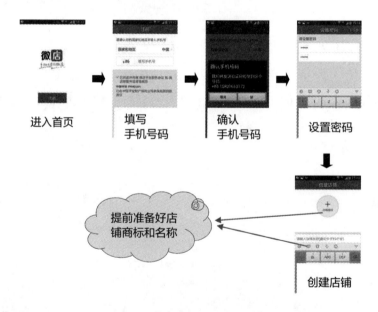

图5-5　口袋购物微店开通流程

4. 微盟和有赞

之所以将这两个平台合并在一起说，是因为两者在模式上极为相似，都是同时在做B2C、C2C两个版本。B2C是商家版，致力于微商城的搭建；C2C是个人版，致力于做微分销体系（微盟个人版App、有赞微小店App如图5-6所示）。因此，微盟、有赞既是微店搭建平台，也是微商城搭建平台。

图5-6　微盟和有赞的区别

（1）微盟的开通步骤

①免费注册。直接打开微盟旺铺首页（http//www.weimob.com），进入微盟官方网站，点击"免费注册"即可进行在线注册。

②填写基本信息。填写用户名、密码、手机号、邮箱、QQ等，前期邀请码开放，后期功能稳定则需要邀请码进行注册。

（2）有赞的开通步骤

有赞小店的开通非常简单，实现了一键式操作。具体步骤如下。

①输入手机号。登录有赞首页，输入手机号，点击页面下的"立即注册，免费开店"。

②接到系统发来的验证码信息。

③填写个人信息，设置密码，填入验证码。

完成后点击"确认注册"按钮，完成注册，系统自动返回登录界面。

5.1.3 ▶ 微店的基本功能

尽管微店的类型不同，但功能大同小异，经总结所有的微店，总体上都包括六个功能，分别为添加商品、店铺管理、订单管理、客户管理、支付管理等。接下来将根据实例进行介绍。

1. 添加商品

添加商品是指将商品的图片、文字、音频等资料上传至微店后台，供消费者浏览和选购，如图5-7所示。

图5-7　微店添加商品界面

一般来讲，在添加商品时微店都有相对固定的流程和模板，店主只需要按照提示一步一步去做即可，以微信小店为例。

第一步：确定商品类目，在"选择类目"中选择要发布的商品类别。

第二步：填写并编辑商品基本信息，包括填写商品名称，上传商品图片，填写运费、库存、内容描述等。同时要注意，在进行编辑前请准备好产品主图（图片大小为640mm×640mm）、产品颜色图、产品详情页。

第三步：按要求填写商品属性，并选择商品的颜色、尺寸等，颜色可以添加自定义，产品名称30字以内。

第四步：添加产品分类图片，每种颜色一张。

第五步：添加产品主图及产品详情页。

第六步：设置运费模板并发布，即完成商品的添加。

2. 店铺管理

商品展示是商家向消费者进行商品销售的窗口，展示的效果好与坏可直接决定店铺在消费者心目中的影响力、知名度以及商品销量。因此需要对微店进行必要的管理，管理内容包括以下方面。

（1）对店铺进行装修和设置

店铺很重要的一个内容是装修和设置，一般来讲，微店都有多套模板，商家可按照需求选择，也可根据自己需求自定义组合，添加个性化照片，打造一个有特色的店铺。以口袋微店为例，如图5-8、图5-9所示是其封面和招牌设计模板。

图5-8　口袋微店封面模板

图5-9　口袋微店招牌自定义设置

有的微店中还对货架模板进行了设定，商家可选择货架模板用于店铺的封面，多样化显示商品。

再如微盟为商户系统提供了十余套模板，商家选择某模板后系统则会自动将模板添加到手机预览区，如图5-10所示。

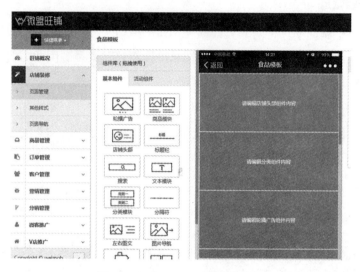

图5-10　微盟旺铺页面模板示意

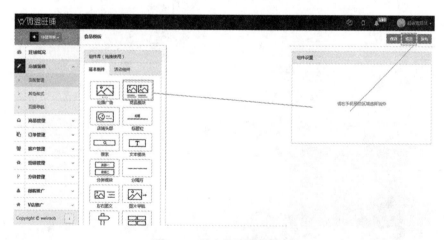

图5-11　选定待用模板提交

默认模板为空白，可对其进行自定义设置，将"组件库"中的组件拖曳至手机预览区，如图5-11所示。

确定位置后通过"组件设置"来编辑组件样式，提交即可预览页面效果。

以图片导航为例,若有不满意可通过组件右上角的"删除"按钮进行删除;若满意则点击"下一步",如图5-12所示。

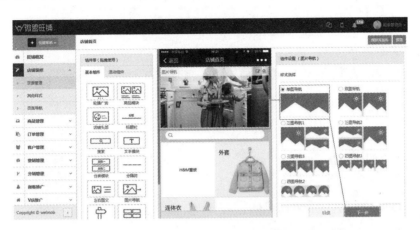

图5-12　对模板组件进行编辑

图5-13　口袋微店商品详情描述　　图5-14　口袋微店商品信息修改界面

（2）对商品进行动态管理

管理商品主要是对商品的型号、规格、价格、功能以及关键特征进行描述，以便消费者更具体地了解详情。图5-13所示为某商家在口袋微店上的一则关于面包的商品详情。

商品详情的填写非常重要，要全面、客观、真实地反映商品的实际情况，同时要突出特色和优势。由于版面的局限性，在具体的描述上要有所侧重，不能面面俱到、盲目追求详细，最主要的是精准，切中消费者需求。需要注意的是，要根据销售的实际情况定期修订，及时变更，尤其是一些经常变化的信息，如价格、库存等信息等。

具体操作方法是进入商品的管理界面，修改商品的名称、价格、上架时间、库存等，如图5-14所示。

3. 订单管理

订单管理包括订单处理和收入管理两方面的内容。前者对订单本身的管理，如订单的查询、修改、取消等；后者对订单收入的管理，如账户信息的查询、资金流水的查询、累计收入查询以及收入明细查询。

（1）订单处理

微店都有独立的商家客户端，商家可通过移动端实时查看、处理订单，如哪些尚未发出、哪些正在进行中、哪些已经送达目的地，从而保证商品高效、快速到达消费者手中。图5-15所示为口袋微店订单管理界面。

（2）收入管理

收入管理主要是对客户购买商品后现金的管理，包括未提现金额、已提现金额和收入流水账等。图5-16所示为口袋微店收入管理界面。

4. 客户管理

客户管理是商家对已掌握的客户资源或已经建立的客户关系进行分类管理、关系维护等一系列工作的总称，从而强化客户黏性，促使重复购买。

首先是对客户进行分类，按照客户的订单、购买频率等指标对客户进行分类，而后进行有针对性的营销。图5-17所示为口袋微店客户管理界面，既可以对客户辅以不同的标签，也可以按照重要程度进行分类。

图5-15　口袋微店订单管理界面

图5-16　口袋微店收入管理界面

图5-17　口袋微店客户管理界面

图5-18　口袋微店统计管理界面

有的微店也可以对潜在客户的行为进行实时监测，如口袋微店的统计管理，如图5-18所示，可查阅昨日浏览量、总浏览量、收藏、已赞人数等，商家通过这个功能可查看访客、订单及金额情况。

5. 支付管理

微店支持多种方式的支付，商家可根据用户的需求采取不同的方式进行。常见的有三种，如表5-2所示。

表5-2　微店常见的支付方式

支付方式	说明
微信支付	认证服务号可申请微信支付。当买家使用自有微信支付付款购买商品时，货款将直接进入微信支付对应的财付通账户。 无论店铺是否绑定了微信公众号，店铺都可以通过口袋通代销商品，之后由口袋通结算货款（需用户发起提现申请），有赞不收取任何交易、提现手续费
银行卡支付	包括信用卡支付和储蓄卡支付，启用银行卡支付功能，买家就可使用银行卡付款购买商品。货款将先进入有赞，卖家随时申请提现
货到付款	买家可选择货到付款下单，卖家需自行通过合作快递进行派送，然后通过快递公司向买家收款

支付功能的设置可按照以下步骤进行，以有赞为例。

第一步，登录有赞商城后台，进入"微商城"，点击右上方的"设置"，然后选择下拉菜单中的店铺设置选项，如图5-19所示。

图5-19　有赞商城支付方式的设置步骤

第二步，点击"设置"，然后选择下拉菜单中的"资产设置"选项，再选择"支付方式"，如图5-20所示。

图5-20　有赞商城支付方式的设置步骤

第三步，在打开的页面中找到所需的支付方式。目前，系统支持4种支付方式，如图5-21所示，若欲启用就设置为"已启用"，此时支付方式就设置完成了。

5-21　有赞支持的4种支付方式

5.1.4 ▶ 微店营销的方式

微店的营销方式相对比较简单，以分享和直接推送为主，如将商品、促销信息、软文等直接分享在社交平台上，推送给微信好友、QQ好友等。即使可自行设置一些促销活动，如优惠券、打折券之类的，最终也是以推送的方式发布出去。

接下来我们对这种方式进行了总结,大体有以下三种做法。

1. 商品分享

分享是微店营销的主要方式,现在大部分微店都实现了全渠道分享。店铺可与微信、微博、邮箱、QQ等社交平台关联,关联后可实现一键式分享。商家根据需要将店铺内的信息分享到微博、QQ空间、朋友圈、微信群等。图5-22、图5-23所示为口袋微店的分享界面。

图5-22　口袋微店分享界面

图5-23　分享到朋友圈等方式推广

其中朋友圈是运用最多的,很多商家都喜欢在朋友圈发商品图片,以达到引流的目的。为了更好地通过发图来为微店引流,微店提供了一个新的工具——商品二维码海报(在商品管理中找到想要分享的商品,点击二维码可以生成二维码海报),分享后会展示店铺名称和商品主图,以及商品对应的二维码。

2. 分享促销信息

优惠券是一种非常重要的促销信息,无论在线下还是线上都是最主要的促销手段之一。为了促进商品的销售，很多微店都提供了促销工具的模板，如优惠券、打折卡。商家可根据自己的需要自定义设置，如图5-24所示，然后再将这些信息通过分享或链接推送出去。

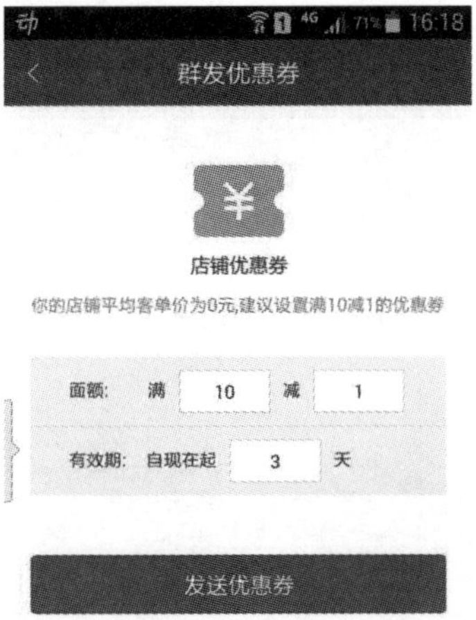

图5-24　优惠活动自定义设置界面

3. 分享软文

无论是直接分享商品，还是分享优惠券等促销信息，都是赤裸裸的推广，容易招致好友的反感。因为无论微博、微信、QQ还是其他平台，毕竟都是社交平台，上面的好友最直接的需求是社交，或以社交为主，而不是消费。因此，这些人并不是目标消费群体，过多的商品分享反而会引发大部分人的反感。

因此，微店营销最不宜直接去推销，而要善于打情感牌，利用"软文"多多展示作为店主的个人魅力和贴心关怀，对好友施以潜移默化的影响，激发潜在需求。这样即使对方没有需求也不至于产生反感情绪，甚至将你拉黑。

如口袋微店中有"店长笔记"这个版块，如图5-25所示，这个版块中大多以文章的形式出现，由店长亲述和撰写，类似于传统营销中的软文。店主可讲述自己的生活感悟，分享有趣的图片、美景，传递更多商品以外的有价值信息，同时将店铺信息或商品信息巧妙植入其中，这种营销方式更容易被接受，赢得好友的喜欢。

图5-25　微店中的店长笔记

5.2　微商城

5.2.1　微商城与微店的区别

微商城又叫微信商城，是第三方开发者基于微信而研发的一系列移动电子商务系统，是一个融移动互联网、微信商城、App商城、移动支付为一体的购物平台。利用这个平台，商家可以进行更有效的广告播放、商品展示、商品销售、宣传推广、交易管理、会员管理等；消费者可以实现商品的查询、选购、体验、互动、订购与支付等线上线下一体化服务。

案例

微盟旺铺是微盟（Weimob）平台推出的一款微信移动电商服务平台，是基于微信公众平台的一个第三方服务商，帮助企业、商家实现微信端的店铺装修、商品管理、订单管理、运费模板、营销管理、支付管理等。

2014年7月微盟正式推出"微盟旺铺"，其移动电商的发展方向更加明显，被誉为业界最完善的微信移动电商O2O产品，通过微盟旺铺，商家可以进行店铺装修、商品管理、订单管理、运费模板、营销管理、支付管理及微信帮购等，同时实现在运营上的社会化客户关系管理、O2O落地执行等需求。

微盟的特色是服务，为商家提供专业的营销、推广服务。微盟平台让商家可以轻松管理自己微信上的各类信息，对微信公众号进行管理、维护，如在线发优惠券、抽奖、刮奖、派发会员卡等。

以微盟中的"智慧外卖系统"为例，这个系统深度对接商家的微信公众号，打通外卖各个环节，从点餐、支付到配送提供完整的解决方案，帮助商家建立自己的微信外卖平台，提高外卖效率。同时微盟智慧外卖系统完美整合营销、会员、外卖、支付等商户经营所需的所有功能，通过微信营销和会员管理，帮助商户多渠道吸引新客到店，同时让老客主动帮助商家带来新客。

微商城是微店的进化版，相比而言发展优势会更强。因为微店只是一个App应用，本质上就是商品交易平台，商家通过平台来展示、推广商品，消费者通过平台查看、购买商品。而商城是一个更完善的系统，虽然最终目的也是促成交易，但功能相对更完善，就像一座在线移动3D商场，可为商户提供售前、售中、售后一站式服务，包括在线消费、广告展示、自动定位和搜索、二级（三级）分销、与客户在线互动、在线娱乐等。同时也可为消费者提供360度、全方位的购物体验。

那么，微商城与微店有哪些区别呢？具体体现在以下三个方面。

1. 构建方式不同

微店是利用各种第三方App开启的手机店面（手机开店App），商家开店需要先下载App，借用这个App方能运作，消费者在购物时也需要下载该App；而微商城是直接依托微信公众号而建立的店，不需要第三方的App，无需下载任何辅助软件，只需要商家绑定公众账号即可。同时消费者只要关注该公众号，就可点击进入微商城购物。

2. 推广方式不同

微店的推广普遍依赖于分享、发链接等方式，这样做的效果比较差，客户黏度也相对较低，因为这些推送往往会对他人形成一定"骚扰"。而微商城是通过公众号的信息共享进行传播，不需要给别人发各种链接，进而也不会影响别人的朋友圈。这种方式在前期运营时可能会比较吃力，可是公众号一旦运营起来后，客户的黏度反而会大大增加。

3. 功能不同

微店的功能非常单一，主要以卖货为主，所以开微店、微店的运营也比较简单，上传两张图片→写好商品描述→设定价格→绑定银行卡，4步基本搞定。而微商城是一款集商品管理、分销、线上支付、线上客服于一体的系统，它需要更多的运营和管理。消费者通过微店基本就是购买商品，而通过微商城不仅可以选购商品，还可以享用额外的服务、体验、互动等，总之，在小小的移动设备上就可以享受购物的全过程。

5.2.2 ▶ 微商城的内部系统

微商城是基于微信公众号而存在的一种线上店铺，因公众号的普及受到很多传统企业和电商企业青睐，被认为是构建移动电子商务体系的重要一环。图5-26、图5-27所示为公众号上创建的微商城。

图5-26 京东商城公众号微商城入口　　图5-27 蘑菇街公众号微商城入口

与微网站、微小店相比，微商城优势更明显，功能更强大，体系更强，是微信推出的唯一一款全方位的电商解决方案，是在微网站、微小店原有功能的基础上，经过大幅度优化和改进发展而来。

那么，我们该如何认识这种模式呢？经总结可从以下三个系统入手，如图5-28所示，分别为广告管理、购物管理、会员管理。这三个系统就是微商场的主要功能，或者说核心功能，基本囊括了售前、售中、售后完整的营销流程。

图5-28 微商城营销模式

1. 广告管理系统

广告是真正产生效益的主要来源。广告管理系统主要负责广告审核、制作、上传、更新等业务。广告业务中分为两个版块，一是纯广告型商户，另外是分账型广告商户。纯广告型商户只负责为其展示、推广或链接，如果有会员消费也只能在商家自己的购物系统进行交易。分账型广告商户，在一次性收取进场费之后，广告推广费用将来自会员在其商家平台产生消费后按商议好的分成比例收取所得，分账型广告商户属于加盟商，推广、销售商品必须进入广告管理系统，获取收益也必须按系统程序进行结算。

2. 购物管理系统

购物管理系统是一个多功能的O2O交易系统，既可以在线上交易结算，又可以在地面实体店进行交易结算。会员在地面实体店进行消费时，只需会员在他的手机端进入微商城平台会员中心积分转账页面后，再由商家输入自己的编号和密码，会员的消费积分就会自动转入商家的后台，商家后台累积的积分是与微商城结算的唯一凭证。为了保证商家的资金正常运转，所有会员在消费时只能按50%现金、50%积分的比例结算。

3. 会员管理系统

会员系统是整个平台的核心部分，也是成败的关键。有了庞大的会员体系，才会有随之而来的广告收益及销售收益。其中会员体系中分为两种会员身份，一种是VIP会员，另一种是普通会员。

所有会员都享受积分奖励，普通会员的积分奖励主要来源于平台的推广链接、有奖型互动游戏、购物返利等，VIP会员除了享受普通会员的积分奖励外，还可以享受公司业绩分红奖励以及业务提成等。但会员的积分均不能兑现现金，只能在公司平台作为消费券来消费，这也是保障加盟商家在微商城平台能产生实际收益的有力措施。

5.2.3 ▶ 微商城的开发与应用

微商城的开发主要借助微信公众平台，但官方平台只提供了最基本的功能。为使功能更多样化、更个性化，更多的还需要第三方的参与。目前有很多专门从事微商城开发与应用的第三方服务平台，他们各有特色，如腾讯风铃、微社区、ECTouch、微盟、有赞等。

1. 腾讯风铃

腾讯风铃系统是腾讯官方的首款微信开发工具，通过风铃系统，开发者可以进行基于微信的网站建设。

"腾讯风铃"的模块非常丰富，包括抽奖、社交、图文、留言、报名、地图、电话、视频、客服、欢迎语、兑换、调查、会员卡、优惠券等，基本上囊括了主流需求。另外，也为企业微信提供了丰富的互动方式，包括大转盘、报名、找茬、优惠券、团购等。风铃系统的功能设计主要是为了满足广告客户的需求开发，风铃为"微网站"开发了16种功能，主要分为以下4类。

（1）信息推送。包括图文、视频、欢迎语，用来满足企业的信息曝光需求。

（2）网上服务。包括留言、客服，用来满足企业的客服需求。

（3）互动。包括LBS、报名、调查、社交等，用来满足企业的互动需求。

（4）销售。包括兑换、优惠券、会员卡等，用来满足企业的销售需求。

2. 微社区

微社区是基于微信公众号的互动社区，它可以广泛应用于微信服务号与订阅号，是微信公众号运营者打造人气移动社区、增强用户黏性的有力工具。微社区解决了同一微信公众号下用户无法直接交流、互动的难题，把公众号"一对多"的单向推送信息方式变成用户与用户、用户与平台之间的"多对多"沟通模式，双向交流给用户带来更好的互动体验，让互动更便捷、更畅快。

微社区随后升级为兴趣部落，在手机QQ端也有了入口。同时，只要运营者设置好端口，用户也可以通过微信访问微社区。

3. ECTouch

ECTouch是上海商创网络科技有限公司推出的一款移动商城网店系统，是可以在手机上面卖商品的电子商务软件系统，帮助企业快速构建手机移动商城，打造优质的用户体验，搭建生态化电商系统。

主要功能包括以下8个。

（1）商品相册。轮播相册图片，可局部放大，全方位展示您的产品。

（2）聊天系统。实时聊天系统，与客户距离更近一步，无缝对接。

（3）订单评价。通过晒单展示每一位客户的真实评价，更放心。

（4）快递跟踪。用户可以随时在订单之中查看物流的情况。

（5）品牌街。应用于各行业，快速提升店铺内涵，领先一大步。

（6）最新团购。快速提升品牌效应，打破传统营销瓶颈。

（7）积分换购。客户购买商品领取的积分可兑现继续购物。

（8）我的分享。客户可以分享自己喜欢的商品给朋友。

4. 微盟

微盟，国内领先的微商城服务平台，为企业提供一站式微商城构建和优化服务。其主要功能是针对微信商家提供与众不同的、有针对性的营销推广服务。微盟是目前国内最大的微信开发服务商，微盟基于微信为广大企业提供开发、运营、培训、推广等一体化解决方案服务。服务范围包括实现线上线下的互通（O2O）服务、社会化客户关系管理、移动电商、轻应用等综合类业务服务。

5. 有赞

有赞，旨在为商户提供强大的微商城和完整的移动零售解决方案，简而言之就是帮商家管理他们的客户、服务客户，并能通过各类营销手段产生交易，获得订单。只要有赞的账号绑定微信公众号后，就可以把店铺经营到微信上，之后就可以向粉丝推送活动通告、上新通知、和粉丝直接交流和沟通，粉丝可以直接通过微信公众号点击进入店铺浏览商品，并完成最终的购买。

有赞提供了十分强大的客户管理系统（需要微信认证服务号），可以对粉丝进行分组、打上特定的标签，更有针对性地进行消息推送。

不过需要注意的是，微商城借助第三方服务平台时，需要与微信公众平台相关联，获得微信官方的许可，以获得接口授权。微信公众平台官方为了便于管理，也为了帮助公众平台运营者快速构建自己的微信公众号，将多种接口和功能权限进行了授权，授权特点如图5-29所示。

图5-29　微信公众平台上官方授权的特点

接入流程也非常简单，我们以实际案例有赞微商城与微信公众平台的关联来说明。

第一步：注册并登录有赞微商城，创建店铺，如图5-30、图5-31所示。

图5-30　登录有赞微商城界面

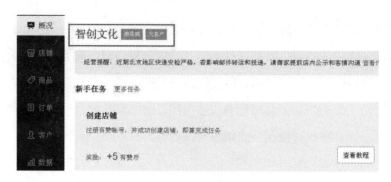

图5-31 创建店铺界面

第二步：在"常用功能"中找到"微信"，点击并进入微信页面，如图5-32所示。

图5-32 有赞后台中的微信页面

第三步：设置公众号，进去微信页面后，点击"我有微信公众号，立即设置"，如图5-33所示。

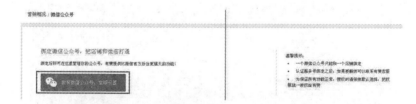

图5-33 有赞后台微信页面中的设置界面

注意：①没有公众号的，需先注册公众号（服务号），并实施认证。

②一个公众号只能绑定一个店铺。

③为保证认证所有功能正常，授权时要选择默认选择，以将权限统一

授权。

第四步：扫描二维码进入微信公众号官方平台，扫描成功在手机上授权，如图5-34所示。

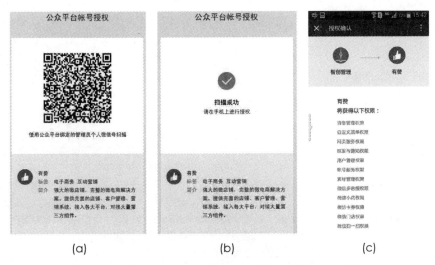

图5-34　有赞与微信公众平台连接步骤

5.2.4 ▶ 微商城营销技巧

微商城是一个体系十分强大的营销方式，它集商品展示、客户管理、渠道分销、销售与营销于一体，不但承担着营销的前端工作——卖货，还承担着营销工作的终端——传播与推广。这也是越来越多的企业、商家做移动端社交营销必选微商城营销的主要原因。

那么，微商城营销的方式有哪些呢？大体上可以分为广告投放和营销工具两种。

1. 广告投放

广告管理系统是微商城中非常重要的系统之一，可以帮助商家进行广告的审核、制作、上传、更新等业务，这无形中就成了自己对外宣传和推广的主要渠道之一，因此商家在营销时要充分利用这种优势。

如微盟的盟聚广告，这是微盟上一个一站式精准移动端社交营销服务平台，聚合微信、QQ等主流移动流量，触达超过100亿次点击率，覆盖95%以上的移动端用户，可为商家提供包括QQ空间广告、朋友圈广告、微信公众号广告三大移动社交平台上的广告投放。而这三种广告各有特点，如图5-35所示，是移动端广告必不可少的形式。

QQ空间广告出现在用户的好友动态中，是一种融入在用户UGC中的原生社交广告，拥有用户天然、无违和感的关注

通过微信广告系统进行投放和管理，广告本身内容将基于微信生态体系，以类似朋友圈的原创内容形式进行展现，在基于微信用户画像进行定向的同时，依托关系链进行互动传播

是一个基于微信公众平台，可提供给广告主多种广告形式投放，并利用专业数据处理算法实现成本可控、效益可观、定位精准的效果广告投放系统

图5-35　三大移动社交平台广告投放特点

2. 营销工具

微商城营销体系本身会自带促销工具，如优惠券、满减、积分兑换等，如图5-36所示。体系提供模板，商家可根据自己的需求自定义设置具体的内容。

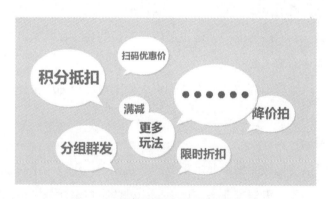

图5-36　微商城营销体系的促销工具

下面就简列几种比较常见的促销工具以及其设置的步骤（以实例分析）。

（1）优惠券

优惠券是一种放之四海而皆准的促销方式，实体店中有，微店中有，微商城中也可以有。商家可根据需要进行设置，如打多少折、赠送什么赠品、是否需要奖品等。

具体操作方式我们以有赞为例：进入有赞商城后台"应用和营销"界面的"优惠券"栏即可进行设置，如图5-37所示。

图5-37 有赞商城优惠券设置界面

再以微盟为例：进入微盟的"营销管理"→"会员营销"界面，商家可在平台上自行设置具体的积分原则、抵现金额等，可单个使用，也可累加使用，如图5-38所示。

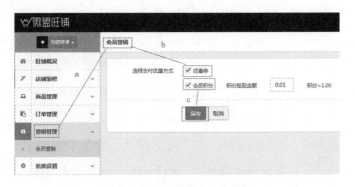

图5-38 微盟优惠券设置界面

（2）满减、包邮

为满足商家的活动促销需求，满减、包邮活动等也是最常见的微店促销方式。即当用户购买金额或购买数量达到一定数额时，可享受减免部分支付金额或打折或者免邮费的优惠。这一切都可通过后台设置实现。具体操作仍以有赞、微盟为例。

①有赞

进入有赞"营销管理"下的"活动营销"，点击"创建新活动"进入编辑页面，点击"满减/送"进行设置。步骤与优惠券类似，如图5-39所示。

图5-39　设置优惠活动界面

值得注意的是，在设置优惠券时需要注意几个问题，具体如下。

a.优惠券面值可以随机选择，如不选择优惠范围则默认为固定面值。

b.可以选择相应的会员等级领券，如不选，默认为所有粉丝可领取。

c.可设置为满××元可使用，购物时必须满足条件；也可选择为不限制。

d.选择后，仅在原价时可以使用；如不选择，可以在折扣后使用。

②微盟

第一步：进入微盟营销活动设置界面，即可设置如活动名称、活动时间、价格标签、活动标签等信息。若想创建全场活动，可直接勾选下方的"全场参与"，勾选"全场参与"后，所有商品均参与该促销活动。

第二步：选择活动商品。全场参与的活动会直接跳过此页。下架中的商品也可以预先设置在活动中，待商品上架后会自动参与到活动中。商品展示区可以直观地看到商品当前正在进行中的活动（红色活动标签）、库存、价格等信息，有助于活动筹划。

第三步：设置活动详情。主要包括活动条件（满××元或满××件）和活动内容（折扣或减免和包邮）两部分。

活动条件只能选择一种，活动内容中的折扣和减免只能选择其一，同时可再选是否包邮。可设置多个优惠层级，最多5个。详见页面右上角的活动规则说明及示例。

第四步：设置活动时间和状态。活动需要手动修改，活动通常有三个：未开始、进行中、已结束。未开始的活动可以快速添加商品、修改活动信息、删除；进行中的活动可以快速添加商品、修改活动信息、结束活动；已结束的活动可以重启、删除。

③其他

优惠券、满减、积分兑换等这些相对固定的促销方式是针对个别商家的，属于商家的自愿行为，且一般为随取随用，只要商家有需求、有意愿，任何时候都可以参加。除了这种方式外，微商城也会不定期组织一些其他促销活动，如同城活动、中秋节客户回馈活动等。这些活动是针对系统内所有商家的，每家都得参加（不会强求），且只有在活动期限内才可参加。

如口袋微店曾经组织过一期亲子同城活动，为了动员商家参与，在活动前统一发放通知，通知对活动的重要性、参与流程做了详细介绍。

对于这类活动，参与起来比较简单，只要注意通知提醒即可，按照通知要求完全可以搞定，这里就不再赘述。

第6章

手机淘宝：
淘宝电子商务转向移动端的标志

手机淘宝作为淘宝网移动化的产物，已经成为移动端社交营销的重要工具。通过手机淘宝，商家可向消费者提供一站式的、多样化的、高体验购物服务。本章分为手机淘宝和微淘两大部分，重点阐述了利用手机淘宝进行互联网营销的优势和技巧，帮助读者快速打造手机端的淘宝店铺。

6.1 手机淘宝

手机淘宝是淘宝网官方出品的手机应用软件,整合旗下产品:天猫、聚划算、天猫超市等为一体,具有搜索比价、订单查询、购买、收藏、管理、导航等功能。

6.1.1 手机淘宝的优势

淘宝网作为一个综合性的网络购物平台,整合了大量商家和众多品牌,品种多,品类齐全,再加上多年来积累的良好信誉和强大的服务能力,可以说在国内所有的电商平台中独树一帜。那么,借此发展起来的手机淘宝也具有很大的优势。因此,企业在做移动端社交营销时手机是不可忽略的重要工具之一,尤其是淘宝卖家。

手机淘宝的优势有五个,具体如图6-1所示。

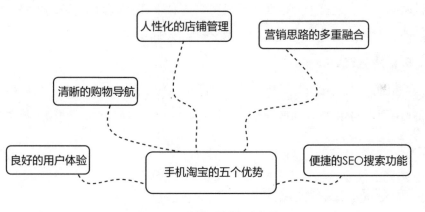

图6-1 手机淘宝的五个优势

1. 良好的用户体验

手机屏幕和电脑屏幕大小差别很大,普通的PC网站用手机打开不仅加载慢,而且查看起来非常麻烦,需要经常缩放,无法给客户良好的体验。所以充分考虑手机屏幕的适用性,制作良好的交互界面,更有利于提升客户的浏览体验。

2. 清晰的购物导航

手机网站首页无法展示过多的内容，因此简洁大方的界面和清晰的导航系统显得尤为重要。受限于手机屏幕大小，同时充分考虑到用户的使用习惯，量身定制导航系统，使手机网站浏览更方便。

3. 人性化的店铺管理

淘宝店铺上的商品可同步到手机淘宝，同时也提供了强大的商品管理功能，商家可以随时对商品进行分类、下架、置顶、热门等管理，实时查询物流及确认订单信息等。

人性化的页面设置也便于用户快捷地使用，搜索桌面提供动态广播实时提醒（物流通知、折扣活动），天气桌面可定制自己关心的城市，缩短进入网页浏览的路径。

4. 营销思路的多重融合

营销型网站使得网站自我营销能力更强劲，同样，将这种思路深入融合到手机网站页面也显得十分重要。手机淘宝基本沿用了淘宝网的营销思路，如营销活动、促销活动等，可以实现与淘宝网的同步操作。

5. 便捷的SEO搜索功能

手机淘宝更利于SEO优化，前台全部生成静态或伪静态页面，代码精简，网页页面小，手机打开速度非常快，树形结构与面包屑结构，结构层数不超过三层。

6.1.2 ▶ 手机淘宝界面设置

手机淘宝界面的设置是手机淘宝营销的第一步，设置分为基础设置和内部装修，步骤都比较简单，按照后台的提示来做即可，具体如下。

1. 注册并登录

如果是一个新手，首先要注册淘宝账号，打开淘宝官网（https://www.taobao.com/），登录进入卖家中心，点击"免费开店"，如图6-2所示，需要注意的是需要先绑定手机。

图6-2 手机淘宝开通界面

2. 基础设置

在"基础设置"中可对店铺信息进一步完善，比如店铺简介、店铺的LOGO标志、店铺的其他链接等，填写好之后点击保存，就会在手机端显示出来。基础设置界面如图6-3所示。

图6-3 基础设置界面

3. 内部装修

基础设置完成之后，可对店铺进行内部设置，操作方式为点击"马上去设置"进入设置页面，如图6-4所示。进入之后，就会看到有很多项需要设置，如无线店铺、码上淘、无线开放平台等。除无线店铺的设置外，其他都是辅助营销推广的工具。

图6-4　内部装修界面

无线店铺包括"立即装修""活动页推广""发微淘""无线视频"等。还可以自定义页面,卖家可以按自己的风格去设计,有足够资金的也可以去装修市场购买装修。

对店铺进行设置后,即可直接进行店铺管理。具体做法:进入"店铺管理"页面,在页面左侧栏目找到"手机淘宝店铺"。进入店铺设置页面,可以设置店铺的名称、简介、头像、发货地址等,如图6-5所示。

图6-5　店铺设置页面

6.1.3 ▶ 手机淘宝营销技巧

商品经济时代，营销是一件很重要的事情，但营销更多的是讲究方法，只要掌握了合适的方法技巧，一切都迎刃而解。那么，在手机淘宝上做营销通常需要运用哪些技巧呢？

1. 积极参与平台承办的促销活动

淘宝平台会定期或不定期地承办一些促销活动，如9.9元专场、20元特卖等，尤其是节假日期间，如中秋节、双11等。对于这些活动，商家最好积极参与，这样可借助平台活动的影响力扩大品牌曝光度，提高销售量。

平台所承办的促销活动一般都会提前公布，商家可根据自己的需求自愿参加。图6-6所示为淘宝平台促销活动公布活动列举。

图6-6　淘宝平台促销活动公布活动列举

2. 创建店铺促销活动

手机店铺活动即向消费者展示的活动详情、产品海报、优惠活动等。店铺装修好后，效果的好坏可以在无线运营中心看到每个模块的点击次数。手机店铺活动设置的质量直接影响着消费者的购物体验，因此，在对手机淘宝界面进行设置时既要严格按照规定操作，也要运用一些技巧，多花些心思。

一般来讲，以下三个部分是不可缺少的。

（1）海报

海报分为图片式和视频式，一般来说是图片海报居多，但随着媒体形式的变化，消费者接收信息习惯的转变，视频海报也越来越多。现在很多店铺同时做了图片海报和视频海报，目的是全方位、立体化地展示店铺产品，帮助买家进一步了解产品。

图6-7所示为一家销售多肉植物的店铺，同时设置了图片海报和视频海报。

图6-7　某手机淘宝店铺海报　　　图6-8　某手机淘宝店铺优惠券

（2）销售优惠

因为在PC端设置的优惠在移动端是不能领取的，所以如果店铺有优惠，一定要设置移动端链接并展示出来。仍以上家销售多肉植物的店铺为例，图6-8所示为限定下单包邮优惠。

（3）主图展示

店铺必须有针对某一个产品的主图，目的是把特定产品的详细信息充分展示出来，让买家进一步了解、对比和选购。仍以销售多肉植物的店铺为例，比如买家选择了黄金草这盆花，为了进一步了解这盆花的尺寸、形态、色泽，就需要通过其主图，如图6-9所示。

图6-9 某手机淘宝店铺主图展示

另外，针对移动端也可以设置手机专享价格，因为现今的移动端流量越来越大，大多数店铺移动端的下单量已经超过了PC端，所以设置手机专享价格是必行之路，这是店铺做大型促销的一个方法，可加大在流量获取上的优势。

值得注意的是，移动端的流量非常碎片化，这与PC端的流量高峰期是有很大不同的。根据数据规律统计得出，移动端的流量高峰期主要在7：30～8：00、12：00～14：00、20：00～23：00；周末以及五一、国庆这种大节假日主要集中在12：00～14：00和20：00～23：00。了解这些规律可以有针对性地做主题营销活动，比如说周末和晚上移动流量比较大，我们就搞个移动周末购、夜场购活动。

3. 充分利用营促销工具

淘宝平台上提供了多种营销工具，如优惠券、积分抵扣等商品促销工具；微海报、橱窗推荐等店铺引流工具；官方卖家秀、店铺VIP等粉丝互动类工具。手机淘宝店铺促销工具如表6-1所示，引流工具如表6-2所示，互动工具如表6-3所示。

表6-1　手机淘宝店铺促销工具

优惠券	商品价格优惠的一种电子券。淘宝平台的优惠券模板数量多达100种，面额最高为1000元。同时也支持自定义设置（5的倍数）
单品宝	限时打折与特价宝的合体，更灵活高效，可支持SKU级打折、减现、促销价；过期活动，一键重启
店铺宝	原"店铺优惠"与"满就减（送）"工具合并升级，支持创建部分商品或全店商店的满减/满折/满包邮/满送权益/满送赠品等营销活动，是提升客单价的利器
新搭配宝	店铺商品关联搭配工具，支持固定及自由搭配；加入智能算法，可大大提升客单价和转化率
淘金币抵扣	让利买家的同时收获淘金币，标识主搜可见
店铺红包	由卖家自己设置，供消费者在商家自己店铺消费时使用的红包
购物车营销	对加购人群进行洞察和定向营销，通过手淘购物车的限时提醒，促进转化
心选	让消费者可以快速地找到与浏览的宝贝可以搭配或关联的宝贝

表6-2　手机淘宝店铺引流工具

圈子优惠券	对圈子选中的商品进行专属优惠设置
橱窗推荐	卖家把店铺中最优质、最具核心竞争力的宝贝设置成橱窗宝贝，橱窗内的商品可优先展示在搜索页面中
签到送金币	设置签到活动的工具，用户签到即送金币
微海报	创建手机端商品展示海报的工具，既可实现引流又可进行数据分析
淘短链	设置商品短链接的工具，买家点击后即可直接进入手机淘宝店铺相关页面
店铺联盟	淘宝为卖家提供的末端流量互换工具，可大大提升流量效率
淘分享	由卖家提供淘金币，鼓励买家分享微海报并给予金币奖励的营销工具，通过微海报的传播为店铺引流

表6-3　手机淘宝店铺互动工具

官方买家秀	将商家有图评价、试用报告等内容通过后台聚合，并支持分发至微淘、详情、旺旺等渠道的工具
微淘彩蛋	卖家在微淘发商品-发清单中为粉丝发福利、发权益的一种工具

续表

店铺vip	根据一定的标准设置客户等级，对客户分类管理的工具
优惠监控	商品优惠监控工具，可对按宝贝、订单维度优惠活动信息进行查询，设置宝贝价格预警
关注送金币	当客户关注店铺后，即可获得一定金币的工具
淘宝群	用于用户群聊的群，可在群内设置专属红包、投票、限时折扣等，大大增强了用户的黏性
定制工具	平台为商家专门定制的工具，如满就送权益

4. 开通码上淘推广

手机淘宝店铺可以设置码上淘推广，这个功能能给手机店铺带来很多流量。通过该功能可创建各种二维码，如商品二维码、品牌二维码、媒体二维码、包裹二维码等，并对搜集的二维码信息进行管理和分析。

二维码的创建有三种方式，分别如图6-10～图6-12所示。

图6-10　通过工具创建二维码

图6-11　通过宝贝创建二维码

图6-12 通过链接创建二维码

5. 开通无线开放平台

无线开放平台又简称MTOP，是淘宝于2010年12月成立的一个旨在帮助卖家创造多种营销场景的应用平台，是淘宝电子商务基础服务建设进一步完善的标志，极大地推动了无线电子商务生态圈内各参与者不断创新发展，促成无线电子商务新商业文明生态圈的建设。

商家通过无线开放平台提供的各种模板，可轻松关联促销活动，一键生成无线活动网页。这些网页既可很好地展示产品，而且可营造多样化的营销场景，如限时折扣、直销大特惠、摇一摇抽大奖、潮拍档等，提升消费者的购物体验。

6. 坚决去执行

不要以为只要运用了销售工具就一定可以收到好的促销效果，其实销售工具在销售过程只起到辅助作用，要想保证达到理想效果还需要坚决去执行。

这里的执行是指说服力，即如何增强说服力以及如何有效传达服务价值/产品价值，给客户良好的心理预期。这往往需要解决消费者的一个消费心理逻辑：我为什么要做/买这个东西？我不做/不买这个东西会怎么样？我做/买了这个东西会怎么样？我为什么要选择做/买这么一个东西？

增强说服力除了口头的沟通以外，还要善于抓住消费者的心理。与客户的沟通是营销中最重要的环节，尤其是在移动端，沟通不畅会造成消费者对产品有偏见或者认识不全面，再加上如果产品体验感知不够就很难说服消费者进行购买。所以要通过良好的沟通让客户对产品或服务的某个特别方面有清晰的认识，并在此方面引起客户的兴趣，这是一个成功的客户沟通必须做到的。但要做到这一点对企业的服务人员要求就特别高,这涉及工作人员的沟通能力、营销能力、工作经验等。

微淘营销

微淘是淘宝微店的简称,也是阿里巴巴继淘宝网、手机淘宝之后又一个电子商务平台。它是移动互联网时代的产物,通过它,商家可以进行客户关系管理、品牌传递、精准互动、基于位置的导购及成交转化;通过它,消费者拥有了私人化、智能化的手机购物帮手,省钱、时尚、便捷、放心。

图6-13 微淘内容

微淘不像PC端淘宝店铺、手机淘宝店铺那样,只是单纯地进行商品展示、宣传与销售,而是通过阅读加深对店铺或产品的影响,吸引关注，实现引流。因此，微淘的内容大多是以与店铺、商品有关的文字、图片、视频、故事等形式出现，类似于微博、朋友圈的内容，如图6-13所示。

因此，做微淘不能用做淘宝店的思维去做，重点是做内容，让内容丰富、丰满、新颖，可读性强，足够吸引人。同时将店铺信息、产品信息植入其中，带有情感、带有温度地展现给粉丝。这样既可以强化粉丝的黏性，同时对于引流和转化也是非常有用的。

淘宝对于微淘这一块也是非常重视的，2016年1月份正式开始了微淘等级的评定，即根据内容的优质程度和每天的帖子数量对微淘账号进行等级划分。这也从侧面说明内容运用对微淘的重要性。

6.2.1 ▶ 微淘的发布与管理

微淘是手机淘宝客户端的一项分支功能，因此微淘账号不用专门申请，只要开通手机淘宝的商家都可直接开通，也可直接通过淘宝手机客户端进行微淘内容的发布和管理。下载手机淘宝App，在App底部的导航中即可操作。

具体步骤如下。

（1）打开手机淘宝，在右下角点击"我的淘宝"，如图6-14所示。

图6-14 我的淘宝界面

（2）点击"我是商家"，然后再点击"发布微淘"，对内容进行编辑后即可发布，如图6-15所示。

图6-15 微淘发布界面

发布微淘内容还有另外一种方法——通过电脑版微淘界面,在界面上同时也可对微淘进行设置、数据管理、粉丝管理等。

具体步骤为:打开淘宝官网(https://www.taobao.com/),登录淘宝进入卖家中心,然后找到手机淘宝店铺下的无线店铺即可进入。图6-16所示为微淘名称和简介的设置界面,设置完毕后会显示在手机端。进入页面路径:淘宝官网→卖家中心→手机淘宝店铺→无线店铺→立即装修。

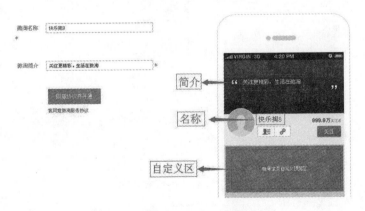

图6-16 微淘名称和简介设置页面

图6-17所示为"微淘管理中心"界面,在界面中可进行内容管理和数据分

析。进入界面路径：淘宝官网→卖家中心→手机淘宝店铺→无线店铺→发微淘。

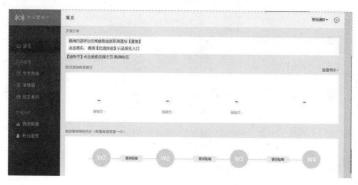

图6-17　微淘管理中心界面

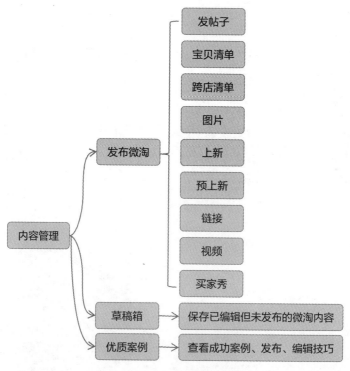

图6-18　微淘的内容管理

内容管理包括发布微淘、草稿箱和优质案例，如图6-18所示。其中发布微淘是重点，需要深入地理解、熟练操作。目前系统支持9种内容，分别为发帖子、宝贝清单、跨店清单、图片、上新、预上新、链接、视频和买家秀。

数据分析主要包括微淘数据和粉丝管理，如图6-19所示，微淘数据又包括整体微淘数据和单条微淘数据，可对这些数据的周、月曝光量，点击量，引导成交笔数，成交金额进行查询和分析（也可自定义数据周期）。

粉丝管理是对粉丝浏览、阅读所发内容的情况进行查看和分析的功能。数据包括新增粉丝数（人）、较前日取消粉丝数（人）、较前日净增粉丝数（人）、较前日累计粉丝数（人）、较前日收藏店铺用户数（人），同时也可对周、月及自定义时间内的粉丝数量进行查看。

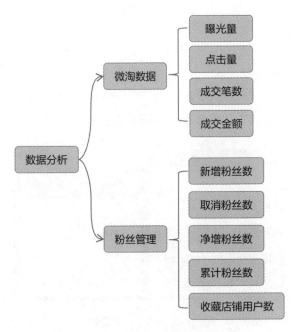

图6-19　微淘的数据分析

6.2.2 ▶ 内容是微淘吸粉利器

本节的开头就一再强调，微淘不同于淘宝店铺和手机淘宝店铺，其运作的重点是内容。纵观那些真正运营得好的微淘账号，都是注重内容的。反过来讲，如果想依靠微淘来吸引粉丝，达到引流的目的，就必须提高内容的含金量。

1. 内容定位

按照微淘平台发布内容的规定有九类内容,如帖子、宝贝清单、跨店清单、新品等,当然,在实际运作中并不一定全部用到。内容要有计划、有针对性地发,发什么样的内容通常是有规律的,要把握用户的阅读需求和兴趣,而不是根据自己意愿,更不是凭自己的兴趣来发布内容。哪些内容是用户需要和感兴趣的呢?常见的有如表6-4所示几类。

表6-4 微淘通常发布的内容

1	产品使用说明或指南
2	与产品相关的知识或话题
3	产品促销信息公布
4	买家秀
5	与用户的各种互动活动

图6-20所示分别为宝贝搭配指南案例和盖楼互动案例。

图6-20 宝贝搭配指南案例和盖楼互动案例

总之,内容要根据自己的店铺风格差异化,把微淘打造成一个社交社区,多互动,使内容有情怀和格调。不要搞得跟淘宝客服一样,成为解决售后和产品遗留问题的后台,也不要做变相的宣传,全是冷冰冰的产品图片、赤裸裸的广告。

2. 自建话题

微淘营销与微博营销十分相似,微博中经常有一些热门的、有意思的话题出现，以引发博友的大量转发和评论。同样，微淘也需要经常有这样的话题做引子，激发用户的关注兴趣和参与积极性。如某设计公司就发布了一个美女设计师与咖啡馆的情感视频，讲述一段唯美的情感历程，如图6-21所示。

图6-21　微淘中的话题营销案例

值得注意的是，如果话题中带有企业和产品信息，建议用内容推产品，否则很容易淡化话题的讨论性、参与性。如卖衣服的可写写穿衣搭配的内容，最后把自己店铺的衣服链接进去；卖母婴用品的写一些育儿宝典的内容，同时也把自己的宝贝巧妙植入进去，这样比硬生生的广告效果要好得多。有条件的话还可以考虑系列内容，把周一到周日的计划定下来，每天发什么，时间久了，买家就会形成一种惯性，如果做得有意思的话，甚至可以让他们有一定的期待感。

3. 把握发布时间

对于微淘文章发送的时间点，可参考之前提到的手机淘宝营销技巧。正常情况来讲，8：00～10：00、14：00～17：00、21：00～22：00这几个时间段都是一个浏览高峰期。当然，具体情况也要根据店铺的具体受众群体特征来定。

总之，内容营销与付费流量不一样，很难立刻就能看到成效，必须需要一个比较漫长的过程。但是作为增加流量的入口，还是一个比较值得重视的渠道，以内容为主的微淘配合以流量为主的手机淘宝，做得好的话肯定会达到1＋1＞2的效果。

第7章

移动App:
促使移动端社交营销全面普及

移动App贡献了移动端大多数的流量,也带来了巨大的广告需求,聚合的移动应用广告平台以及移动DSP、Ad Exchange的发展,使得供需更加平衡,App营销成为移动端主要的营销形式。本章将介绍移动App营销的优势、模式,以及如何打造一款具有吸引力的App应用。

7.1 移动App在移动端社交营销方面的优势

App是Application的缩写，中文叫应用程序，因附加在智能手机、掌上电脑等移动（智能）终端才可运行，因此合称为移动App。拥有自己的移动App已经成了企业进行移动端社交营销的共识，或自主开发或找专业机构代做。移动App，成为企业进行移动端社交营销的标配。

7.1.1 便于信息的传播

移动App由于兼具移动性、智能性、社交性，使得其在信息传播方面优势很大，不但传播速度快、范围广，且可让用户随时随地接收和分享。这对企业、商家来讲，无疑十分有利于扩大品牌的曝光度，提升商品的销量以及整个服务水平。

> **案例**
>
> 美特斯·邦威，本土最受消费者喜欢的休闲服装类品牌，是较早运用移动App辅助营销的传统企业之一。邦购商城App是美特斯·邦威为移动端用户打造的一款手机购物App。进入App后，用户可在线浏览、搜索商品信息并可支付，一键式购买。同时，App也会根据不同主题做非常贴心的提示，如商品推荐、活动促销、购买优惠等提示，为用户打造快捷、方便、省钱的购物环境。
>
> 为了吸引用户的持续关注，该App还制作了精美的日历、记事本和天气预报、日用小工具以及大量小游戏，如衣服搭配试装的游戏、带有新款服装元素连连看小游戏等，这些都大大增强了App与用户的互动性，丰富了用户的购物体验。
>
> 另外，该App在品牌文化延伸上做得也非常精准、到位，App中植入的H5移动广告，时刻彰显着ME&CITY的品牌魅力。如画面是ME&CITY代言人，背景是伦敦街景、游乐场、电影院、音乐喷泉

等，整个画面与美特斯·邦威宣扬的美丽、时尚、独特、个性等品牌文化相得益彰。

上述案例表明，移动App是移动端社交营销体系中非常重要的一员，带来的利益远远超过任何一种方式。随着移动互联网的到来，拥有一款移动App是很多企业的标配，尤其是利用其来辅助商品营销、品牌推广成为主流做法。

移动App的易传播性主要表现在以下四个方面，如图7-1所示。

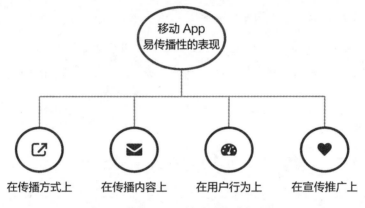

图7-1　移动App易传播性的四个表现

1. 在传播方式上

移动App是企业将产品或品牌等信息模式化、程序化的一种应用。这种应用就是信息的载体，通过用户对这种载体的下载、分享和使用，信息传播、下载、分享和使用越多，信息的传播范围越广。

任何App都是以信息的传播、传递为最终目的的，一个App没有信息的支撑，只是一堆程序堆积起来的"壳"而已，毫无意义。

（1）如提供网购信息的有：淘宝、京东商城、当当网等。

（2）提供本地生活信息的有：大众点评、豆角优惠、今夜去哪儿、丁丁优惠、艺龙在线等。

（3）提供社交即时通信工具的有：微信、陌陌、E都市、易信、来往等。

（4）提供健康信息的有：动动、乐动力、Keep等。

2. 在传播内容上

移动App信息的表现形式多元化，包含文字、图片、音频，如图7-2所示，用户可以全方位地感受内容的魅力。如新闻、阅读类App以文字为主；地图、照片类App以图片为主；歌曲、广播、音乐类App以声音为主；直播类App以视频为主。

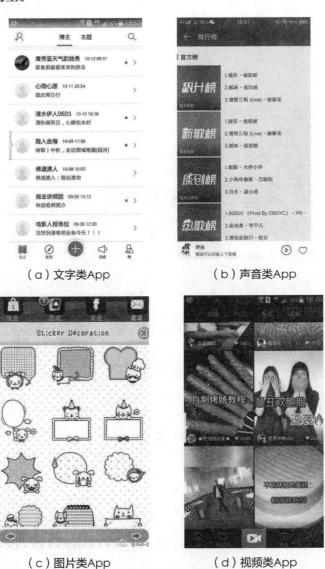

（a）文字类App　　　　（b）声音类App

（c）图片类App　　　　（d）视频类App

图7-2　移动App内容的表现形式

3. 在用户行为上

用户可通过多种途径下载移动App，如手机助手、手机应用商店、手机浏览器以及PC端等，如图7-3～图7-6所示，这大大提高了移动App在用户中的普及程度。

图7-3　手机助手下载

图7-4　手机应用商店下载

图7-5　手机浏览器下载

图7-6　PC端下载

需要提醒的是，在PC端下载App时，可直接复制到智能手机中。智能手机最大的一个优势就是实现了手机与PC端的完美链接，可以将智能手机与电脑链接，将App传导到手机中。

4. 在宣传推广上

移动App在宣传推广上比较"含蓄"，且更加注重内容的表现，这将是移动App推广最大的优势。有了内容价值的反衬，广告彻底被"边缘化"，从而避免了用户对广告的厌恶。随着移动商业的发展，手机广告越来越多，大多数人对手机广告普遍反感，特别是微信、QQ空间上的广告严重影响了用户体验。

以上四个特点都表现出了移动App的易传播性，可使企业的品牌形象、企业的品牌理念，以最快、最有效的速度传递给用户，同时也可大大提高用户的接受度，提升App营销效果。

7.1.2 ▶ 使用方便快捷

移动App第二个显著特点是使用起来方便、快捷，无论对企业、商家还是对用户，都可最大限度地实现短、平、快的操作。企业、商家可随时随地上架商品，发布商品信息、促销活动信息，查看销售动态；用户只要下载、登录即可浏览App里的所有信息，无论什么时间、什么地方，都可根据自身需求查找。

图7-7　Agoda App的界面

图7-8　Agoda 移动App酒店预订简体中文界面

Agoda，一家在线酒店订房平台，业务范围遍及中国、日本、韩国、东南亚以及澳大利亚等国家和地区，在亚太地区有较大影响力，为用户提供酒店预订、出行、住宿、餐饮等查询与服务。

该平台同时也开发了自己的手机App——Agoda，进入界面即是系统几个主要功能，如酒店预订、预订机票等一一出现在界面，功能一目了然，简单易操作，如图7-7所示。

当然也可按地域、价格自定义搜索。如果知道某酒店的详细名字，在搜索栏里输入全称则可直接查询。这款App最大的特点就是支持多种语言，可同时适合不同国家和地区人群使用。系统提供了38种语言可供选择，默认为英语，所以当看到满屏幕英语时先别着急，进入设置栏可自由设置，图7-8所示为简体中文酒店预订界面。

7.1.3 ▶ 开发成本低

移动App之所以如此受到企业、商家的青睐，很重要的一个原因是运营成本低。利用移动App开展移动端社交营销，成本要比其他方式低很多，当然这种低并不是说绝对不花钱或说少花钱，主要看性价比。实践证明，开发、管理一款移动App花费也不小，但投入与产出的比是最划算的。

以移动App的开发为例，在App发展之初的2013年，开发一款App所花时间和金钱都不多，功能单一的只需6～8周，复杂些的需要8～12周，开发费用大多在10万～15万元不等，低的五六万元即可。这还是在初期，随着App开发技术的成熟，掌握这种技术的人越来越多，成本会进一步降低。因为App开发作为一种技术来讲，普及度越高价值越小，况且很多App都是基于一套成熟的模板，就像工厂流水线一样，流程是一样的，使用时只要在后台更换一些程序即可。

例如，很多人都喜欢魔漫相机这款App，以"原创真人漫画"为特色吸引了众多用户。其实这款移动App的设计原理非常简单，技术也相当成熟，即集合了"拍照+录像"的功能。就技术层面来讲两者都不难，但出来的效果则要比单纯的拍照或录像好得多，能给用户以不一样的体验。

套用成熟模板这种模式成本会更低，因为这不需要按照人力成本去计算，只是按照模板售价计算。

随着轻移动App概念的推出，Web App被人们慢慢重视起来，各种微应用、微商城Web App层出不穷，这也预示着App的开发成本将会更低。Web App通常在微信公众平台上，其实就是一个简单的手机网站，开发者只需掌握网页设计、会编程即可，而这类人才早已经是IT界的"民工"，成本会低很多。据悉，做一个Web App的费用只要几千元，如果有固定模板，费用只有几百元而已。

当然这个成本不是很确切，有些难度较大的，或者前、后台数据复杂的App价格会更高，如游戏类的费用会翻倍增长。总之，如果单论价格，比一些传统营销方式成本都高，但要从后期的收益来看这点钱也非常值得。

7.1.4 ▶ 互动性强

互动性强是移动App的又一个优势，一个App最吸引用户的，其实主要就是与他们有高质量的互动。现在很多企业为什么不再做网站营销？根本原因就是网站基本是呈静态的，是单方面的输出（企业方）和被动地接受（用户）。即使有少量的互动，也是严重滞后的，无法起到即时反馈双方信息的作用。

互动性是移动端社交营销中的一个核心关键词，是移动互联网运营中一个重要指导原则。移动App作为移动端社交营销中的重要一员，在互动性方面有很大优势。移动App互动性特点体现在两个方面，如图7-9所示。

图7-9 移动App互动性特点

1. 全时性

用户在App上与卖家、其他用户可以进行全天候、不间断的沟通交流，并且App向用户提供全过程的服务，跟踪用户反馈，即时优化应用，进行完整的互动活动。

2. 即用性

用户在任何时候任何地点通过App中的位置性服务LBS，可以立刻查询所需信息，并能立即运用到现实生活中去。如用户需要就餐时，可以在大众点评、美团等App中查询附近的餐厅，获得信息后马上能将这种信息转化为消费行为，所以App广告具有很强的互动性。

除了以上浅层次的互动外，为了吸引用户长期关注，给用户以更深层次的体验，有些App的互动还具有持续性、创新性。如将直播室、聊天室、游戏等植入App中，通过打赏聊天、互赠礼物、动手操作等刺激用户的互动欲望。不过这种互动使用场景是有严格限制的，一般出现在iframe或flash型移动App。

丰田设计了一款双人互动手机App——Backseat Driver，用户下载该App后，只要开启手机GPS功能，你使用手机就可实现与司机一样的开车体验，可跟着实际车速感受到加速、减速、转弯等，连上推特还可与朋友一起分享。这对小朋友非常有吸引力，拿着手机即可体验到父母开车的感觉，这对加深亲子情感也是一种不错的互动。

 移动App的营销模式

7.2.1 ▶ 直接卖货，开通网上店铺

对于大部分企业、商家来说，利用App开展移动端社交营销的最佳方式就是直接卖货或为用户提供服务，通过商品或服务换取用户的钱。具体做法是，在移动App上植入购物功能或某种服务功能，开通线上店铺，用户可在店铺中

根据需求选择所需的商品或服务。

如手机淘宝移动App，很多人都有过在淘宝上买东西的经历，用手机淘宝移动App更为便利，无论身处何地，只要有信号，就可打开手机淘宝后轻松完成信息浏览、商品选购、下单支付等。

在移动App上直接开店铺，为企业开展移动端社交营销提供了一种新方式、新模式。目前，很多企业、商家都开始利用这种方式开展移动端社交营销，一来可以丰富企业的移动端社交营销体系，二来可迅速抢占移动互联网市场。

直接卖货这种方式主要表现在可大幅降低营销成本和获取大量用户资源上。值得注意的是，这种模式也有自身的局限性：即App上的店铺是个局域性的微网站，一般只针对下载过App的人，自动传播能力比较弱，因此推广起来难度大。所以对企业、商家而言，在开发这类移动App时需要注重策略和技巧，尽量做到小而美，瞄准目标用户，展开精准营销、重复营销。

在App中开店铺直接卖货不仅是利用App进行移动营销的主要方式，同时也可拓宽App盈利渠道。因为在目前的移动App市场中，"免费"是最主流的做法，用户可下载使用。免费对用户来说是求之不得的，而对于企业或者开发者来说则是一种"煎熬"。因为App本身的开发就需要大量的费用，更别说管理和运营过程中其他支出，没有一定的费用支持是很难支撑下去的，所以无论什么App都必须寻找一条持续盈利之路。

7.2.2 ▶ 广告植入，以广告带动营销

网络广告早已不是什么新鲜事物，很多爱上网的人在浏览网页、玩游戏时在其平台上都经常会看到植入的广告，形式多样、花样百出，而且很容易被吸引。这些广告是网络营销中常用的一种方式，对于广告方来说可以扩大品牌知名度，对平台方来说也是一种重要的盈利模式。

就移动App而言，同样可以植入广告，具体是指将广告以各种方式放在App中，当用户使用该App时可同时接收广告，进一步了解广告详情。

由于在移动App上植入广告是在手机、平板电脑等移动（智能）设备上发布，因此也成为移动广告。随着移动Apple、iAD（一种接入设备）的迅猛发展，移动广告逐渐成为网络广告的主体。这样的好处是可精准匹配用户群，用户也可更方便快捷地获取信息。

那么，如何在移动App上植入广告并收到更好的效果呢？下面是在移动App中有效植入广告的三种方法，如图7-10所示。

图7-10　在移动App植入广告的三种方法

1. 内容植入

Nike、IKEA广告在疯狂猜图移动App中的植入方式就是内容植入。该植入形式是指将企业、产品或品牌之类的关键词作为广告内容，既达到了广告宣传效果，又不影响用户玩游戏的乐趣，而且由于融入互动环节，传播效果反而更好。

2. 道具植入

道具植入在移动App广告植入中是比较普遍的，一般是通过移动App与产品道具的互动来实现。选择与移动App内有关联性的道具，这样既能够引起用户的共鸣，又可让用户在潜移默化中接受这个品牌，因此能获得良好的广告效益。

如在人人网人人餐厅这款移动App游戏中，将伊利舒化奶作为游戏的一个道具植入其中，让消费者在游戏的同时对伊利舒化奶产品产生独特诉求、认知与记忆，提升品牌或产品知名度，在消费者心中树立企业的品牌形象。

3. 背景植入

与道具植入类似，在移动App中倘若看到突然出现的醒目的广告牌、横幅、商场或者有品牌特写的电梯，它们可能就是植入性广告。

抢车位的游戏中最突出的就是MOTO手机广告，即将MOTO的手机广告作为停车位的一个背景图标，无形中给消费者头脑中植入了MOTO的形象。游戏中还提到用MOTO手机车位背景，每天可得100元，这样的奖励促使游戏玩家使用该背景。

限于前期开发成本很高，许多企业的App无法盈利，而广告意味着盈利。但在移动App市场竞争日益激烈的情况下，如何利用广告来盈利应多运用些技巧，因为尽管App植入广告有很多优势，但会影响用户体验。据调查显示，近80%的用户在使用App时遭遇过广告的"狂轰滥炸"，只有一半的用户点开过。大多数用户不希望看到广告，一旦有广告跳出就会跳过或退出App。

因此，如何把广告做得更有趣，实现平台、广告商、用户的三赢是应该思考的问题。一定要以不影响用户使用为前提，否则就会得不偿失。

7.3 打造富有吸引力的App的五个关键

7.3.1 功能个性化

功能是移动App的生命线，衡量一个App的质量高低、能否吸引用户的支持与关注，最主要的一个指标是其功能是否实用、是否有价值。App功能最基本的要求是，既要能最大限度地满足用户需求又要具有个性，最好是其他同类App所没有的。

牛班（NEWBAND）就是这样一类App，它是由知名音乐人胡彦斌和专业团队开发的。主要功能是为音乐爱好者提供与明星一起学唱的机会，还可以提供视频教学、在线学习和在线交流。具体体现在三个方面,如图7-11所示。

①提供了明星视频教学。由胡彦斌携手大师级音乐人,为用户带来权威的声乐、键盘、吉他、贝斯、爵士鼓课程。
②首创了分轨调音系统。任意mute原唱、键盘、吉他、贝斯、爵士鼓等音轨。用户可以在不同的音乐环境中提高自己的唱歌水平。
③支持曲谱辅助练习。从理论基础上进行提升,这些曲谱在歌唱类移动App上很少出现。用户配合教学视频与曲谱进行练习,可从理论和实战两个方面进行提高。

图7-11　牛班移动App的主要功能

移动App是一种实用性很强的营销工具,凭借着其多样化的功能可快速锁定目标群体,实现精准定位、精准推广。同时也可与用户进行一对一沟通,满足用户的特殊需求,使营销活动具有可度量性、可调控性。

每个移动App功能都有明确的定位,这是在设计阶段就应该规划好的。App的功能定位通常可分为两大类:一是单一性功能,二是综合性功能。

1. 单一性功能

单一性功能是指一款App只有一个功能,或发布产品信息,或宣传企业文化,或提供某一方面的服务,通过个别功能带动整个营销的效果。

以顺丰速运App为例,该App是顺丰快递旗下的线上服务平台,旨在为用户提供方便快捷的邮寄服务。用户通过App可以轻松下单、查询快递动态以及会员服务等。

打开App可以发现界面上有3个功能版块,分别为"寄快递""查快递""我"。"寄快递"提供线上下单服务,"查快递"则可随时查询快递的状态,"我"则相当于一个服务功能,通过这个功能可进行会员绑定、线上支付、查询服务、在线客服等。

2. 综合性功能

综合性功能是指App的功能要多样化，可同时包含多种功能，用户通过该应用可完成一系列操作。购物类App大多属于这类，如京东App包含所有与产品宣传、品牌推广、购买体验有关的功能。在App里用户可实现与PC端京东网完全相同的操作，如选购、下单、支付、享有购买的优惠等。

另外，综合性功能除了包含产品宣传、推广外，还可设置少数附加功能，这些附加功能更有利于用户体验。如肯德基App就设置了一个"快速查找"功能，利用这个功能，用户可以快速查找到附近的肯德基店。

7.3.2 以用户需求为导向

一些过于大众化的移动App已经无法满足所有用户的需求。如果移动App能够满足特殊群体的需求，则抓住了这部分用户的"痛点"，更容易博得其欢心，从而增大这部分用户的转化机会。

WWE众神谱就是这样一款可满足摔跤迷们特殊需求的游戏移动App。超逼真的格斗体验吸引了不少用户，用户可带领最喜欢的WWE明星们进入WWE IMMORTALS的世界，利用制造商设计的触控式战斗功能，凭借每个英雄独特的毁灭性力量打败对手，还可利用独特的招牌技能招式、装备和支持卡牌，与其他用户的选手组台，进行更高级别的战斗。

7.3.3 增强用户体验

一个移动App要想获得大量用户的关注，就必须具备吸引用户的"点"，这个"点"不仅包括对用户需求的定位、配套服务的全方位提供，还包括心理上的满足，这就是我们所说的体验模式。移动App必须先满足用户的体验，只有当用户体验到了其中的好处才会持续不断地关注。

这种模式的做法具体是指把符合自身定位的移动App发布到应用商店内供用户下载，下载后用户可以很直观地了解到各类信息和资讯。

如市场上出现许多有用、有趣的健康类移动App，在生活和工作节奏日益加快的今天，大多数人尤其是年轻女性更加注重自己的健康、自己的情绪，因此，健康类应用的设计初衷就是帮助用户保持健康的生活方式，从而达到满足某一部分人心理需求的目的。

在这类移动App中，"女性周期建议"是非常有代表性的一个，这款移动App被喻为女性的贴身助理，通过对生活起居、饮食习惯、运动健身等不同方面进行监测，尤其是对女性生理期前后几日监测来反馈用户的健康情况，并给出信息提示，为广大女性朋友提供了诸多便利的服务，如图7-12所示。

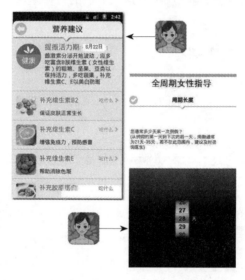

图7-12　女性周期建议移动App与用户互动情况

这款移动App之所以受到女性用户的追捧，得益于其全面的服务，用户在被服务的体验中，一方面可深入了解移动App的功能，另一方面可获得十足的心理满足感。

7.3.4 ▶ 注重内容质量

高质量的内容，无论在以前的传统营销还是在当前的移动端社交营销都是高要求、严标准。要想获得较好的营销效果，必须先做真正符合用户需求的内容，更何况这是一个App同质化的时代，内容显得更为重要。只有内容足够好才能吸引到更多的用户，进而满足用户需求，与用户产生共鸣。

在做内容之前，必须懂得一些技巧和策略，包括精选题材、编排内容、优化内容等。

1. 如何精选题材

内容营销的核心就是信息本身是否有价值，评价标准是对企业和产品是否有宣传、推广的作用，对用户是否有指导、诱导的作用。因此，在内容的选择上需要特别慎重，去粗取精，根据企业、用户实际需求而定，具体内容如表7-1所示。

表7-1 移动App内容营销的类型

热点内容	
即某段时间内搜索量迅速提高，人气关注度节节攀升的内容	说明：合理利用热门事件能够迅速带动用户的关注，获得非常不错的利益。对于何为热门事件，营销者们都可以借助平台通过数据进行分析。比如：百度搜索风云榜、搜狗热搜榜等都是不错的工具
时效性内容	
即在特定的某段时间内具有最高价值的内容	说明：任何事和物都具有一定的时效性，营销者利用时效性创造有价值的内容展现给用户，在特定的时间段拥有一定的人气关注度，合理把握以及利用该时间段可创造丰富的主题内容
稳定性内容	
即不受时间变化而变化，无论什么时间都不受时效性限制的内容	说明：较稳定的内容作为内容营销的主要组成部分，其对用户的吸引力更大，而且持续时间越长久效果越好，因此内容运营要做些稳定性较强的内容，如主题系列内容
方案性内容	
即具有一定的逻辑，符合营销策略的方案内容	说明：方案性内容需要考虑很多因素，其中受众人群的定位、目标的把握、主题的确定、营销平台、预期效果等都必须在方案中有所体现，它的价值是非常大的，便于从中学习经验、充实自我，提升自身的行业综合竞争力

续表

实战性内容	
实战性内容是指通过不断实践在实战过程中积累的丰富经验而产生的内容	说明：内容要来自实践，是经验的总结，能够充分展现实践过程中遇到的问题，让用户从中获得有价值的信息，能够得到学习锻炼的机会。实战性内容能够获得更多用户的关注，因为这是实战，这是真正的分享经验
促销性内容	
即在特定时间内进行促销产生的营销内容	说明：这类内容主要是营销者利用人们的需求心理而制定的内容。内容中要能够充分体现优惠活动，利用人们普遍贪便宜的心理做好促销活动，促销性内容的价值往往在于提高企业更加快速地促销产品，提升企业形象

2. 如何通过发布合适的内容实现预定营销目标

为吸引大量用户，通过发布合适的内容来实现预定营销目标，所发布的信息必须符合一定的原则，要从用户需求和企业需求出发，兼顾多方面的问题。发布的信息必须遵循"三原则"，如图7-13所示。

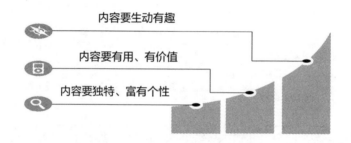

图7-13　移动App内容发布三原则

（1）内容要生动有趣

有趣，即内容要有足够的新意，有足够吸引对方的地方。营销人员需要花足时间巧妙地构思移动营销创意。当然创意和新意总是有限的，但发布的内容至少要使企业的移动营销主页面信息不至于空洞无聊，特别是要防止发布硬性广告性质的内容，此类内容不仅得不到关注，反而会引起普通用户的强烈反感。

（2）内容要有用、有价值

也就是说，商家所发布的内容具有一定的实用性，能够为用户提供一定的帮助，既可以是提供信息服务、传授生活常识、利用视频课程帮助用户解决困难，也可以向用户提供促销信息或者折扣凭证、发放奖品等。总之，要使用户能够从移动营销中获取某种形式的利益，他才会成为企业的追随者。

（3）内容要独特、富有个性

个性是最难把握的一个原则，企业应注意发布的内容要自成体系，在报道方式、内容倾向等方面要有特点并能长期保持一致性，这样才会给用户一个系统和直观的整体感受，使企业移动App比较容易被识别，与其他移动App区别开来，个性化的内容可以增强用户的黏性，使用户持久关注。

7.3.5 ▶▶ 设计要简单

对于移动App开发人员来说，只有定位和创意是远远不够的，这就像开车，只知道一个大致的方向和去哪儿，而对路况不熟悉是很难到达终点的。因此，制作移动App需要有更具体的设计思路，然后运用科学的方法，按预设的思路一步步地做。

1. 合理设置内容结构

制作结构图是移动App设计的重要一步，毕竟手机屏幕是有限的，在同一界面不可能把所有内容都展现出来，因此需要按照内容的重要性进行有序设置，使其以不同组合、不同层次循序渐进地展现出来。

如很多移动广告会在首页展示，优惠、特卖等促销信息则次之，其他内容则通过导航安排在其他部分。以购物类移动App为例看其是如何设置内容结构的，如图7-14所示。

一个优秀的结构设计可以帮助用户从移动App首页快速获得最重要的内容，并且在需要其他功能时，能够通过翻阅或者轻松切换实现。

优秀的结构设计还可以优化每个功能的操作流程。通过优化功能操作流程可将整个移动App连接成一个有机的整体，打通移动App各部分之间的数据交流和功能，为用户带来高质量的体验。

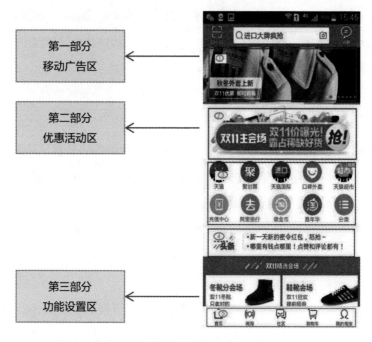

图7-14　购物类移动App结构示意

2. 制造故事情景

移动App营销并不像传统的广告那样只是单纯地、机械地将产品信息传递给用户，它需要营造一个场景、讲述一个故事，将产品放置在特定的场景之中，通过场景让用户自动自觉对产品产生购买需求。

例如，星巴克闹钟这款别具匠心的App，不但可提醒用户在设定的时间起床，当用户在起床后60分钟内赶到星巴克门店，还可享受半价购买本周精选早餐食品的优惠。该App曾深受用户欢迎，就是因为故事情景的设置非常成功，将优惠活动融入激发人们早起的情景当中，参与性极强。

第8章

直播平台：
将每个营销人员打造成网红

随着直播风的风起云涌，大大小小的直播平台竞相爆发，一种全新的移动端社交营销方式——直播产生。由于可大大满足当下新一代人群的心理需求和社交诉求，直播呈现出火爆的发展态势。与此同时，也成功吸引了很多企业、品牌主、电商、微商的目光，进而转化为一种营销方式。本章重点介绍移动直播平台的优势、主要类型以及各种类型在实践中的运用。

> **案例**
>
> 一个卖土鸡的商家会定期在手机上通过直播卖自家的土鸡产品——鸡肉、鸡蛋。但她没有直接卖,而是通过与粉丝互动。如直播做美味土鸡大餐,通过做与土鸡相关的美食,来间接体现土鸡产品的营养、健康,在观看的过程中,粉丝便可感受土鸡产品的价值,再加上同时进行的文字、语音等多层次互动,往往可收到非常好的销售效果。
>
> 该商家通过直播,不但汇聚了一大批美食爱好者,也最大限度地激活了消费者的消费欲望。再加上巧妙的营销技巧,如在合适的时候植入土鸡产品的链接、设置限时特卖活动等,粉丝在观看的过程中就会下单,大大提升了销量。

上述案例表明,较之传统的营销工具,直播表现出了很多优势,尤其是在信息传播方式、互动性上是无法比拟的。直播,新媒体时代又一个重要的营销工具,它的出现使网络营销不再局限于文字、图片等简单的交流,而是打通了人的视觉、听觉上的系统,给人以更直白的感受。这无疑使买卖双方能够进入更高层次的互动,而有了互动就有了忠诚度、有了黏性,有了忠诚度和黏性就会有销量。

2016年被誉为直播元年,2017年年初业界便推崇移动直播领域为新的风口。主推全民直播的映客、花椒,主推游戏的龙珠、斗鱼等直播平台纷纷砸钱发力。所以有人预测,直播将成为继文字、图片之后下一个重要的社交语言,未来也必将是企业营销的下一个重点开发的洼地。直播已经成为互联网、移动互联网时代最具有发展前景的传播媒介,在不远的将来,势必会取代其他媒介成为最火的营销工具,会有越来越多的企业加入到直播行列中来。

直播,移动端社交营销工具的再升级

随着直播平台的增多、直播用户的增加,尤其是一大批网红主播带来的

"网红效应",直播营销已经成为很多企业非常主流的一种营销方式。之所以这么讲,主要出自两个方面的分析,一是客观方面,二是主观方面。

1. 客观方面

(1)大量直播社区/平台的出现和使用

大量直播社区/平台的出现是直播得以快速发展的基础,正是有了这一基础性的条件,广大主播才涌现出来。

我国的直播业出现"火爆"的局面虽然是在最近的2015年、2016年,但直播业起步很早,在2005年就已经出现,只不过发展缓慢,缺乏一定的群众基础和影响力,大部分都处在初级阶段。在这10年中涌现出的直播平台很多,累计近200余个,发展趋势也是稳步增长。如图8-1所示。

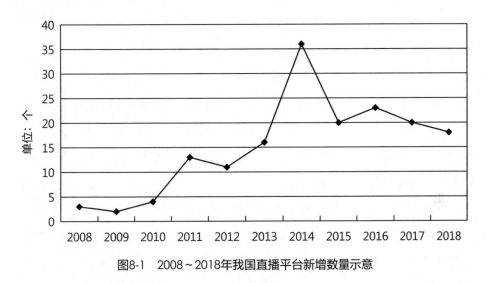

图8-1 2008~2018年我国直播平台新增数量示意

(2)网络环境改善,无线技术日益成熟

2012年以来我国的基础网络、宽带发展非常快,而且有了完善的体系,越来越多的2G/3G 移动网民开始转向使用4G网络,从而可以体验到更好的上传、下载带宽和更稳定的网络。2013年4G网络诞生,普及程度非常快,国内三大运营商着力建设4G网络。2019年11月1日,国家正式启动5G商用网络,与此同时5G配套应用也紧跟其后。

首先，4G/5G网络、移动设备的出现为直播的发展提供了技术保证，使直播效果更流畅，大大加快了直播发展的进程。带宽、流量的提升无疑会逐步降低用户使用直播的门槛，加之资费水平的下降，大家对流量的问题更是少了后顾之忧。其次，现在Wi-Fi（无线保真）基本普及，Wi-Fi已成为了最基础的设施。更快的连接速度、更好的网络环境将会带来直播的快速发展。同时，随着资费的进一步降低，直播成本大幅下降，这都为直播的快速发展提供了必要条件。

（3）智能手机、移动设备的大量出现

智能、移动设备的应用是直播发展的另一个重要条件。现如今，很多直播都是通过移动设备来完成的。这正是得益于智能设备功能的优化改进，如智能手机、平板电脑像素的提高，CPU、GPU、内存等硬件配置的升级，从而使视频给观众带来更好的视觉感受和体验。

（4）各大直播平台不断优化和创新

直播平台不断创新和优化功能，目的就是降低用户的直播门槛。比如美拍提供了MV特效功能，不仅提升了制作视频的趣味性，还可以使本身没有这方面技术的人也能制作出效果良好的视频。同时产品的多样性也满足了用户的差异化需求，激发用户的自传播。

直播平台的出现使各种直播迅速走红，昔日的门户网站等平台风光不再，一些平台积极寻求变革，争先布局视频直播领域，如腾讯、网易等门户网站，今日头条等个性化资讯平台，淘宝、小米、360等互联网企业都开通了自己的视频直播频道，抢夺视频直播带来的红利。

2. 主观方面

（1）人们接收信息的思维、习惯在改变

随着互联网、移动互联网的发展，传播媒体不断嬗变，人们接收信息的思维、习惯也在不断改变。如在互联网普及之前，人们获取信息的渠道大都是通过报纸、电视等传统形式，随着互联网的广泛运用，网络、微博、电子书逐渐取代了传统的形式，但大部分仍局限于PC端，而最近几年，移动互联网的迅速崛起，人们又开始转向了智能手机、移动设备，看新闻、看电影只要一部智能手机就够了。

（2）人们碎片化时间增多，需求增多

与传统传播媒介相比，直播在表现方式上更有针对性，现在的人们更倾向于精简、省时、高效的生活、社交方式，利用上下班、用餐、临时休息、睡前等碎片化的时间看书、看新闻、听广播等，越短、平、快的信息传播渠道越容易被接受。直播的出现恰好满足了人们的碎片化需求，现在通过智能设备观看直播，已经成为一种潮流。如有些人很难分秒不落地看完一部长达90～100分钟的电影，于是微电影出现了；有些人对移动智能设备的依赖比较大，于是各大移动版的直播平台应运而生。

直播充分整合了人们的碎片化时间，满足了碎片化的需求，这无疑改变了人们接收外界信息、向外传播信息的思维和习惯。正是主、客观环境的变化为直播的生存和发展提供了良好的环境，并使这种新传播方式得以迅速扩张。

 移动直播营销的优势

直播营销作为一种新的营销方式能够在短期内爆发，必然有其他营销方式无法比拟的优势。下面就对最突出的几个优势进行阐述。

8.2.1 ▶ 网红的流量效应

网红，是网络直播最直接的产物，他们通过才艺展示、实时互动及自己对生活态度和时尚见解的分享，往往可吸引一大批忠诚粉丝。而粉丝就是流量，获得巨大的流量恰恰是企业做移动端社交营销最主要的目的之一。这样一来就构成了网红+直播+企业移动端社交营销的完美生态圈，从这个角度来看，直播具有以往其他任何营销工具所没有的优势。

案例

蘑菇街，一个专注于时尚女性消费者的电子商务网站。提供衣服、鞋子、箱包、配饰和美妆等销售与服务，近些年来深受年轻女性、爱美的姑娘们的青睐，市场份额不断扩大，甚至将商品卖到了海外。

2016年6月23日上午（纽约时间）蘑菇街把在线直播实时同步到了纽约时代广场上。蘑菇街旗下红人主播敏恩、Demi爷爷等15名红人主播霸屏时代广场大屏幕，进行美妆、健身知识等时尚内容的直播，如图8-2所示。

图8-2　蘑菇街在纽约时代广场上的在线直播

蘑菇街的直播视频出现在世界上最繁华的商业街——曼哈顿心脏地带的纽约时代广场，无疑为提升品牌影响力、品牌知名度和进军国际市场奠定了良好的基础，是"吸引全球目光"的最佳窗口之一。

蘑菇街这次进军国际市场，最伟大的尝试是采用了直播+户外广告的方式。这是一种新方式，很多企业没有做过。事实上效果非常好，可更直观地将线上商品带入到人们生活的线下体验中。当具有中国特色的"网红"霸占了一块块万众瞩目的大屏，通过大屏幕向观众分享美妆和服饰的搭配心得时，吸引了很多路人的目光。与此同时，观众也可以直接打开手机实时互动、购买。

蘑菇街这次营销可以说是对"网红+电商"营销模式的创新,以直播为媒介、网红为主角,很好地实现了个人品牌的商业变现。树立具有辨识度的个人品牌,收获粉丝的认可与追随实现变现,塑造出蘑菇街社交电商的社区风格。

蘑菇街这次采用网红+直播的营销方式充分体现了直播在营销活动的巨大优势。具体体现在三个方面:第一,可抓住用户的精准需求;第二,网红的带入给人以更好的体验;第三,良好的互动连接了线上线下。众所周知,蘑菇街最大的用户群体是二十岁左右的年轻女性,她们潮流、时尚,热爱追随。而直播网红分享的风格、美妆、服饰等内容正与她们的兴趣完美契合。再加上城市商业街、核心商圈及中心广场往往是消遣娱乐的线下聚集地,直播提供的多种互动方式,使线上线下转化更便捷、更畅通。

除此之外,还有个优势就是网红,直播直接催生网红,而网红往往又自带流量,流量就是转化为销量的最可靠保障。现在很多企业纷纷通过网红去建立自己的直播营销体系,途牛旅游、百合网先后与花椒直播建立了战略合作,利用花椒平台上的网红做各种营销;酒仙网、丰厚资本在与《大佬微直播》合作后,品牌被更多人知道,销量也呈现出爆发式增长,而他们的创始人本身就成为了"网红",如酒仙网CEO郝鸿峰、丰厚资本创始合伙人杨守彬等。

图8-3 企业拥有网红的两大途径

企业利用网红来进行直播营销，首先就是拥有网红、打造网红。那么，企业究竟如何才能拥有自己的网红？一般有两个途径，如图8-3所示。

1. 高薪聘请

高薪聘请，即与已成名的网红合作，是一种较省时省力的方法，可以充分利用网红的社会影响力迅速打开市场。

> **案例** 爱茉莉太平洋是享誉全球的一家韩国化妆品集团公司，它的一款洗发水品牌"吕"因邀请中国美容领域的10多名"网红"参与，从而打进了中国市场。该公司邀请这些网红做从头皮护理、洗发到彩妆的"全套直播"，同时将他们直播的内容、出席的线下活动等分别发至自己的社交平台，吸引大批粉丝观看。两个月后，"吕"在中国的月销售额就创下1300万元人民币的纪录。

该品牌的相关负责人说："看到销量激增，切实感受到了传闻中的'网红'效应。""我们计划本月中邀请明星级网红，并将活动的全过程拍摄成视频。"

需要注意的是，这类方法也有其劣势，那就是成本较高。就像曾经的邀请名人代言一样，网红也需要支付一定的费用，而且随着一些不良媒体、平台的"炒作"，网红价格越来越高。再者，聘请的网红只能解决一时的需求，稳定性较差，无法形成稳定、系统的营销模式，无法为粉丝提供持续有力的直播与服务。

2. 自我培养

培养自己的网红也是打造网红的一种途径，自己培养网红成本低，更重要的是可使网红的调性与产品特征、粉丝需求更契合。

> **案例**
>
> 美宝莲在一次新产品发布会上就采用了自己的网红直播形式，他们用50个网红参与这场活动，并对整个盛况进行了直播，赢得了众多粉丝的关注。活动结束后，统计显示有超过500万人次观看，品牌得到了大幅度曝光。
>
> 利用这次新品发布会的直播机会，美宝莲官方直接卖起了产品，直播页面下面出现了一个购物车的小标志，观众只需要进行简单的操作就能下单。
>
> 官方这一举动直接让大家的注意力不可抗拒地转移到了产品上面，销量达到了惊人的10000支（转化成实际销售额约为142万元）。

要销售什么产品就需要相应的网红，如卖美妆品当然就需要美妆网红；卖衣服就要服装类网红；卖冬虫夏草就得培养藏族网红；卖意大利红酒、美食就得培养意大利厨师网红。

反过来想一下，如果一家卖红酒的企业却找了一个服装类网红合作，效果肯定不好。理由就是粉丝调性不同，即使有几百万的粉丝，购买率也会很低。因此，在吸收一部分名气较大、细分能力强的社会网红资源的基础上，还需要有一批自己的网红，形成网红矩阵。这就需要企业自行培养一批网红，这些网红要充分了解企业，与企业的调性相符合，且能全心全意忠诚于企业。

今天"粉丝经济""颜值经济""红人经济"遍地开花，作为企业应该明白，必须重视网红在营销中的作用，且要有培养自己的网红的意识，使网红效应与企业利益更好地绑定，绑定越深，他/她才会越不遗余力地为企业推广。

8.2.2 ▶ 实时互动的信息传递

每个时期媒体形态的变化总会给营销带来巨大的影响，这是因为营销活动包括移动端社交营销，本质上就是信息传递和传播的一个过程，从企业到消费者，从消费者再到更多的消费者，信息传播速度越快、范围越广效果可能越好。

纵观我国媒体的发展历程，大致有三个阶段，分别为图文阶段、音频阶段和（移动）直播阶段，相应地产生了图文营销、音频营销、直播营销。不同时期传播媒介不同，从而形成了富有鲜明时代特征的营销活动，如图8-4所示。

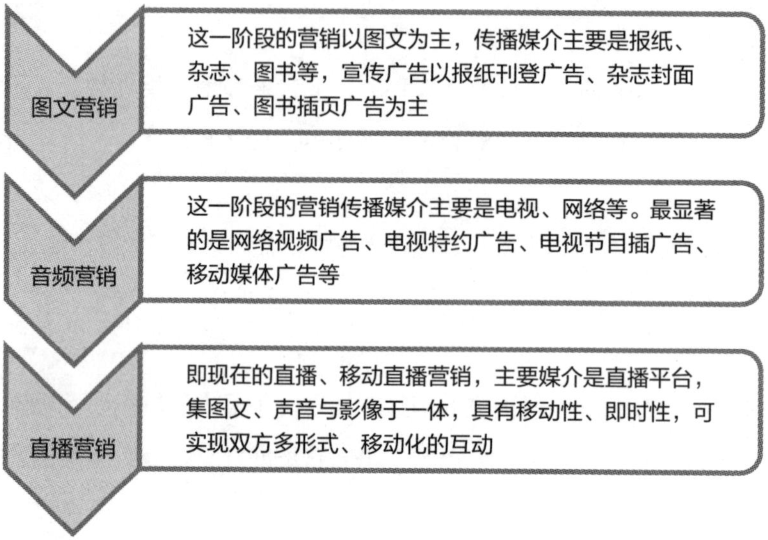

图文营销	这一阶段的营销以图文为主，传播媒介主要是报纸、杂志、图书等，宣传广告以报纸刊登广告、杂志封面广告、图书插页广告为主
音频营销	这一阶段的营销传播媒介主要是电视、网络等。最显著的是网络视频广告、电视特约广告、电视节目插广告、移动媒体广告等
直播营销	即现在的直播、移动直播营销，主要媒介是直播平台，集图文、声音与影像于一体，具有移动性、即时性，可实现双方多形式、移动化的互动

图8-4 媒介营销的三个阶段

案例　ULOOK是一家移动互联网视频直播平台，所有内容均由播客自主产生，任何用户下载App后，就可以成为播客发起直播。在2015年七夕情人节，ULOOK视频直播平台发起了一个七夕实验："一只'单身狗'用多长时间才能和100个妹子合影"。一部手机、两个小时不间断直播，这场直播吸引了上千名观众在线收看，在直播的过程中不断有出谋划策的弹幕划过，能够实时与网友们成功交流，帮助选手完成任务。

与以往以文字、图片为主的报纸、杂志、书籍及以音频为主的电视、广播相比，直播是一种大众传播的新形式，赋予了营销新的特征，这种新特征表现在信息的传播上，具体如下。

1. 可生产出更多优质内容，使网络社交更加立体化

在网络上交流由于互不谋面，只能通过文字、图片等单一的方式来感知和想象。而直播可以通过优质的画面、多样化的表达形式以及多层面的互动技术，实现即时、高效的沟通交流。

2. 打破了媒体与媒体间的界限，打造一个"融合性"平台

直播间的交流不仅局限于平台本身，还可以融入更多的第三方参与，即通过分享、转发使信息在多个平台之间实现转化和流动。

3. 承载了报纸杂志、电视广播等传统媒介所无法承载的信息

通过直播，主播可以展示更即时、更加声情并茂的信息。同时，由于主播与观众双方可以实现深层次、立体化的互动，因此也最大限度地融合了观众的反馈信息，观众信息的加入大大提升了信息的客观性和真实性。

从信息呈现方式、传播速度、传播范围等来看，直播必将成为移动互联网时代的主流营销方式。再加上移动智能设备的大范围普及，直播App几乎成为了每一台智能手机里的基本配置。如果说一次元、二次元媒体时代带动了微博、微信等图文应用的兴起，那么三次元时代将会为（移动）直播带来长足的发展。在（移动）直播平台日益增多，4G/5G网络、智能设备逐步普及的今天，直播将会给大众带来前所未有的、全新的体验。

8.2.3 ▶ 目标用户更容易抓取

做移动端社交营销最难搞定的就是寻找目标用户，无法精准地圈定目标用户也是困扰营销策划者、推广人员的一大难题。因此，做营销最关键、最核心的就是寻找目标用户群体。采用（移动）直播营销可以很好地解决这一难题。因为直播面向的群体本身就比较精准，用直播展开营销时就意味着基本可以圈定目标人群，如果再根据企业产品的具体要求进一步细化，用户就十分精准了。

根据相关统计数据分析结果发现，观看直播的人整体上呈现出年轻化。15～40岁的人占到80%以上，其中25～30岁人最多，占到总人群的36.6%；性别上以女性为主，地域上集中在大、中城市，收入以中等人群居多。

直播受众人群年龄特征示意如图8-5所示。

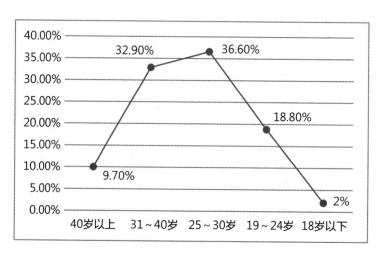

图8-5　直播受众人群年龄特征示意

直播受众人群性别特征示意如图8-6所示。

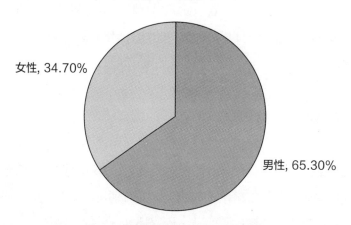

图8-6　直播受众人群性别特征示意

直播受众人群地域特征示意如图8-7所示。

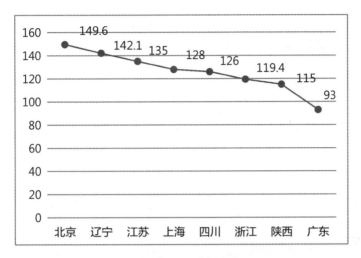

图8-7 直播受众人群地域特征示意

从前面的三个图中不难看出，关注直播的人群绝大多数为80后、90后，有着中等收入的都市女性。90后一代，可以说是伴随着网络一路高歌成长起来的，享受着网络所带来的高效、便捷。这样一个群体，他们对直播有着一种独特的情感，工作、学习以及生活的衣食住、吃喝玩、娱乐、交友等都离不开网络，总是希望及时了解到最前沿的娱乐资讯、最真实的新闻事件、最好看的景区实景、美食的制作过程、生活中的实用技巧……

正是有着这样一个特殊的群体，直播才能很快发展起来。某种程度上说，正是这一人群的关注，网络直播平台才得以有如此大的影响力、曝光度。

其实不只是80后、90后，包括更小的一代人00后也开始喜欢看网络直播。截至2017年，2000年出生的第一批人已经步入大学，而大学生则是网络直播的忠诚粉丝，他们对直播的痴迷更为惊人。

8.2.4 ▶ 互动性强、用户黏性高

移动直播的互动性非常强，主播可以与用户展开打赏、送礼物、弹幕、留言等多形式的互动，而这些互动正是企业进行移动端社交营销所需要的。其实

互动一直以来都是营销活动中最不可或缺的，传统营销中有线下互动，网络营销兴盛起来后又有了各种线上互动，最具代表性的就是微博、微信等自媒体营销。因此，做移动端社交营销也必须有充分的互动，而直播这种媒体可以最大限度地满足各方的互动需求。

互动，就是让观看者全方位地参与进来，并在观看直播的同时通过打赏、送礼物、发言等形式与主播沟通。目前，所有的直播平台都有互动功能，主播们可以随时与观看者展开互动。互动形式有三种，如图8-8所示。

图8-8　直播平台上的三种互动形式

另外，观看者在观看的同时也可进行分享或转发，将自己感兴趣的或者认为有用的信息分享到自己的直播账号，或转发给第三方平台、朋友圈、QQ空间等。

大多数直播平台的开放路径已经逐渐清晰，如将直播内容分享到QQ、微信好友、微信朋友圈、腾讯微博、新浪微博等，这样就打通了直播与微信、QQ、QQ空间、腾讯微博、微信朋友圈等各个平台的通道，有利于直播营销实现"多渠道"推广，更好地融入到了整个移动端社交营销的生态系统中来。

直播社区/平台的开放性决定了其必定是一个合格的营销工具，视频的上传者只要有好的创意、好的产品、好的服务，就能够在这个大舞台上播出自己的特色，让整个生态圈和谐发展。"人人媒体时代的到来，挡都挡不住"，这曾经是微博时代的专家对于微博的解读。在直播时代呢？一定有过之而无不及，只要直播的内容有趣、有价值，足以打动人心，就可以获得更多的关注、更多的分享。

8.3 移动直播的主要类型

直播的类型主要有四大类：第一类是泛娱乐类直播，这类直播是直播的主体，大多数由PC秀场衍生而来；第二类是游戏直播，这类直播专业性较强，主要是针对游戏玩家；第三类是电商直播，主要局限于电商平台的营销行为，如京东直播、淘宝直播等；第四类是商业直播等，主要用于企业的商业行为，如新品发布会、行业会议等，这类直播所占的市场份额尽管很小，但非常有潜力，发展空间巨大。

四种直播类型各有特点，运作思路和路径大相径庭，发展也不均衡，但未来四种直播类型必将融合，娱乐化和商业化并存。

8.3.1 泛娱乐直播

泛娱乐直播又称为"秀场"直播，准确地讲是秀场直播的一个分支，因为泛娱乐直播起源于秀场社区。所谓秀场就是大众化娱乐，包含范围很广，如演艺节目、主播聊天、明星面对面、体育赛事直播等。现阶段泛娱乐是各大直播平台重点开发的版块，每个直播平台几乎都会涉及，有的甚至主打秀场。

> **案例**
>
> 宝马全新X1震撼发布，为了烘托全新X1的上市气氛，BMW X1"敢作敢为"音乐秀在西双版纳傣秀剧场全程直播，通过直播宝马推出改变巨大的X1，传播"敢作敢为"的产品精神。
>
> 支持这场直播的是腾讯营销平台，腾讯营销平台是一个全用户、全场景、强互动的营销平台。渠道覆盖PC端、移动端，在社交、娱乐、资讯、购物、出行、O2O等各端口全渠道布局，捕捉用户每一时刻的消费动机。
>
> 发布会开幕的前一周，宝马公司借助腾讯视频与音乐平台，通过互动和预约，寻找对音乐秀有兴趣的年轻用户，对发布会活动进行最

大限度预告与曝光。

直播当天，X1通过社交、音乐、视频、OTT、VR平台五路信号共同组成直播生态链，实现了发布会的全面直播，实现最广泛的触达，并且打造事件性的影响。直播过程中，实时大数据呈现线上线下用户的实时交互与表现，线上用户可以为自己喜欢的歌手选择相匹配的X1产品亮点，通过弹幕与其他网友交换意见，并决定宝马X1在现场发布会最终的亮相形式。

全程通过现场感的互动和实时大数据、VR、全景等技术的运用，让年轻用户的观看体验更新奇有趣、身临其境；同时让X1上市发布的声量最大化，创造出中国网络直播覆盖最全的历史性时刻。

上述案例是一场综合性的直播营销，既具有娱乐性又很好地达到了商业目的，同时很好地融合线上线下的互动。综合性的直播营销是未来营销的大趋势。在这种背景下，泛娱乐直播也成为企业进行互联网移动端社交营销的一个重要平台，网红主播成为企业争夺广告投放的主要资源。

在泛娱乐直播中还有一个非常重要的广告形式不可忽视，那就是明星代言。与传统的明星代言一样，直播中的代言更具有超强的吸粉能力，明星的人气加上直播的场景化传播，往往更容易达到预期目标。2017年10月17日，李天佑推出自己原创的最新喊麦《有梦不觉累》为马云的支付宝代言。在YY拥有粉丝2500万人、快手3000万粉丝、微博800万粉丝，一时之间"喊麦哥"MC天佑成了最具影响力的直播艺人。随着"喊麦哥"的爆红，支付宝也获取更多的潜在客户。

利用泛娱乐直播平台进行移动端社交营销之所以能收到如此好的效果，与泛娱乐直播自身的优势是分不开的。泛娱乐直播的优势有三个，具体如图8-9所示。

图8-9 泛娱乐直播的三个优势

1. 良好用户基础

最早的泛娱乐直播平台在2008年首次出现，紧接着大量跟进，首先在PC端积累了大量用户，2016年移动直播兴起后，用户规模继续迅速扩大，在移动端的用户数量激增，并与PC端逐步拉开距离。

2. 全面布局移动端

很多直播平台看到了移动端的潜力，纷纷布局移动市场。YY、来疯综合布局PC、移动端业务，全网流量优势明显；哈你直播、一直播属于单纯的移动直播平台，且跨平台联动作用明显，外部导流流量较大，促使其榜上有名；映客作为最早布局移动端业务的平台之一，完全依靠移动端流量优势跻身第一梯队。

除了YY、花椒直播、映客这些大平台之外，还有很多小平台也纷纷参与其中。

> **案例**
>
> 豆蔓互娱，我国领先的泛娱乐文化互联网品牌之一，一直以来致力于以娱乐为基点的服务，为用户提供最便捷、最优质的泛娱乐内容。旗下泛娱乐平台豆蜜直播App深耕泛娱乐领域，将直播与互动有效地结合，开辟娱乐体验的新模式。
>
> 豆蜜直播移动App是一个兼娱乐与金融的跨界互动平台，为用户提供娱乐资讯福利、主播粉丝互动、搞笑动态、猎奇话题、互动游戏等，玩法多样，让粉丝充分体验到娱乐与金融的跨界乐趣。

同时也借助于豆蔓互娱强大的资源背景，作为主攻泛娱乐互动直播及资讯服务平台，致力于为目标人群提供一个全新的泛娱乐生活方式。如2016年联合熊猫直播与知名篮球明星孙悦达成合作，开启篮球巨星孙悦的首次直播体验。据平台统计，直播期间约有30多万网友同时在线观看。期间，孙悦和网友进行了频繁的互动，直播观看人数节节攀升，一度高达44万人次。

作为豆蔓互娱旗下平台产品，豆蜜也在整合众多跨界资源，与包括熊猫直播、YY直播、live直播、一直播、企鹅直播、章鱼在内的众多知名直播平台建立深度的战略合作关系。豆蜜，一个泛娱乐直播互动推进的资讯平台，致力于为更多年轻一族提供全新的娱乐+金融的生活方式，共享创新的互联网娱乐生活新时代。

3. 盈利模式较稳定

泛娱乐直播有完善的盈利模式，从平台收入来看，泛娱乐直播平台目前的收入主要是以C端付费为主、B端付费为辅。C端用户付费属性依然以情感付费为主，内容付费仍处于用户习惯的培养期。而B端付费依然集中在用户流量的争夺上，仍处于探索阶段。如为保证用户体验，各直播平台对于广告位的开发都较为谨慎，营销手段依然以融入直播内容的原生类营销为主，如直播综艺的冠名和植入。

泛娱乐直播在移动端用户的大量增加、各大平台在移动端的布局及盈利模式的完善三大优势，充分表明泛娱乐直播在移动端展现出了强劲发展势头，这为企业开展移动直播营销提供了坚实的基础。

需要注意的是，泛娱乐直播也有其劣势，即直播内容门槛低、较分散，甚至不需要任何专业技能。如一些有唱歌、跳舞等一技之长的主播，其吸粉、获取关注能力较差，很难吸引高忠诚度的粉丝，实现流量转化则更难。这也导致泛娱乐直播内容质量参差不齐，曝光受众相对垂直，客单价相对较低，降低了企业利用直播进行营销的门槛，很多时候仅适合中小企业主进行推广宣传。不过，秀场直播已经进入了内容升级迭代的过渡期，以主播表演形式为主的PGC直播内容正在被UGC内容所取代，内容"缺陷"未来可能会得到足够的弥补。

8.3.2 ▶ 游戏直播

游戏直播主要面对的是游戏爱好者，定位是对游戏攻略、走位、团队合作等内容的一个交流和分享平台。目前，游戏直播市场已经初具规模，在平台运营、用户运营方面已经做得非常不错。

2014年，国内游戏直播产业逐步热起来，斗鱼直播效仿Twitch从ACFUN独立；同年，战旗TV成立，以游戏直播为主业务；11月，YY剥离了游戏直播业务成立虎牙直播……到了2015年，龙珠、熊猫、全民、火猫等平台纷纷入场，或凭借资金优势、或以背景压人，通过抢占赛事资源、挖掘人气主播等方式快速抢占市场。2016年游戏直播市场呈现出百花齐放的态势，此后的几年进入快速发展期，市场规模不断增长。图8-10所示为2016~2020年市场规模发展情况。

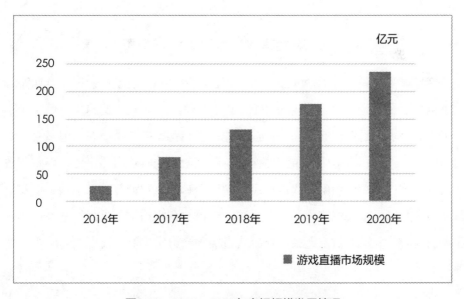

图8-10　2016~2020年市场规模发展情况

伴随游戏直播产业消费能力以及游戏内容的快速发展，游戏直播市场规模进一步扩大。如电竞游戏作为游戏直播行业最被看好的细分市场，在全球范围内率先掀起了一波发展高潮。根据英国市场研究机构Juniper Research的一份研究表明，电子竞技和游戏直播市场规模将从2017年的18亿美元增长到2021年的35亿美元。

与此同时，国内的市场也发展起来，自2014年以来有了飞速的发展，图8-11所示为2014~2018年我国游戏直播平台市场规模及增长率。

图8-11　2014~2018年我国游戏直播平台市场规模及增长率

这是一个游戏直播平台大战的黄金年代，用户越来越多，已经从专业游戏玩家拓展到了普通大众，游戏内容也出现了多样化、垂直化的趋势，可满足不同玩家的需求。最关键的是，平台运营越来越完善、越来越成熟，很多平台专门开放了广告位，吸引广告主的合作。目前在所有的游戏直播平台中都有广告展示位，这也为企业利用游戏直播平台做移动端社交营销奠定了基础。事实上有很多企业也开始关注这一领域，将移动广告放在直播平台上目的就是打通企业产品与游戏玩家的供求链条。在游戏直播平台最常见的广告形式有四个，如图8-12所示。

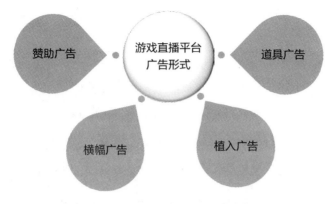

图8-12 游戏直播平台上的四种广告形式

1. 赞助广告

赞助广告是游戏直播广告中前景最好、盈利空间最大的一种。良好的发展前景、巨大的发展空间必将获得外部资金的青睐,一大批有实力的企业将会以赞助的形式进行投资。

2. 道具广告

道具是游戏直播行业最成熟的广告模式,尤其是付费道具,游戏商家将赞助商的广告植入道具中,通过玩家用户的付费购买、使用进行传播。这是一个玩家、直播平台、游戏厂商、赞助企业等多方共赢的模式,如电竞游戏中越来越常见的具有时效性的赛事通行证。TI就是通过贩卖游戏道具筹集资金的成功例子,并且还有很大的拓展空间,这使得主办方、赞助方都能够通过推出更多商品获得收益。

3. 植入广告

这是最传统的广告形式,以往在PC端的视频中常常用到这样的广告。如今在直播平台上类似的广告也非常多,主要是针对平台已有的优质用户群体,通过硬性植入的方式让广告触达玩家。

4. 横幅广告

横幅广告成本最低,实践起来也最便捷。自从直播平台大量兴起后,虽然游戏直播平台发展势头不错,用户黏性也非常高,但受限于用户过于单一(大多是游戏玩家），各方为争夺市场盲目烧钱、不良竞争，致使广告成本也非常高。

游戏直播的用户基本以游戏玩家为主，所以这类平台在用户积累方面较为单一，需求过于集中，这无形中就将很多企业排除在外，除非是游戏类企业或与游戏有关的企业，其他的很难令玩家产生需求。因此，你就会发现尽管目前在所有的游戏直播平台都有广告展示位，但并没有大规模地开展广告业务，原因就在于平台方要考虑玩家的体验，对广告的承接做了严格的规定。

8.3.3 ▶ 电商直播

电商直播是与移动端社交营销结合最紧密的一种直播方式，不但承担着宣传推广、粉丝引流的职能，还承担着直接卖货的角色。很多电商企业开通直播后就会直接利用直播来销售产品、为消费者提供相应的服务等。

跨境电商波罗蜜是第一个吃螃蟹的人，开启了"电商+直播"的先河，开创了在线直播的销售模式。而后各大电商也不甘落后，纷纷试水移动直播销售业务，好评如潮。最具有代表性的是手机淘宝直播和京东直播，在各大网红的销售直播中迅速走红。另外还有聚美优品和洋码头、唯品会、美丽说、蘑菇街等垂直类购物网站，也在手机App上专门开通了直播频道，让店主、卖家、机构等做起了主播。

电商直播是电子商务在垂直领域上的一个新拓展，利用直播平台或者在电商平台内开辟一个直播的版块，直播产品的生产、使用、销售，为商城引流，实现销量的提升。由于电子商务具有便捷性、价格低廉的优势，对消费者是非常有吸引力的，更容易让其产生消费行为。

移动直播之所以能在电商行业中优先发展起来，并且发展势头最好，缘于消费者思想、消费习惯、消费方式的转变。

1. 用户结构的变化

我们知道做营销起决定作用的就是用户，用户结构的变化会导致一系列的连锁反应。移动电商的用户结构偏年轻化，80后、90后消费群体所占比重越来越大。在淘宝上，80后、90后年轻用户已经占到70%。

用户结构的变化会带来消费行为的变化，原有的获客方式以及维持用户活跃度的方法或面临失效。用户结构逐渐年轻，也使得用户需求、消费理念发生了改变，用户的时间更加碎片化，这与直播的特性不谋而合，所以他们接受起直播这种新形式更容易。

2. 消费习惯的变化

消费习惯的改变是指消费者正在从传统的网页货架式消费，变成现在比较偏向场景化的消费。直播是构建场景化消费最好的形式。什么叫场景消费？如用户在京东商城或淘宝浏览客户端推荐的一些东西，传统上是通过App网页或微网站翻页寻找；而现在如果通过直播，就可以直接进入一个生动的购物场景。假如正在搞情人节服装促销，不仅可以看到所要卖的衣服，还可以体验到情人节时应该穿什么衣服、怎么去搭配。这种变化就体现了比较情感化、场景化的消费。

3. 接收信息方式的变化

现在的消费者在进行线上消费时更钟情于浏览型平台，尤其是在移动端，电商用户搜索行为的比例在下降，取而代之的是浏览。因此，浏览型的电商越来越多，搜索型电商越来越少。以往那些搜索型平台，虽然营销比较精准，但由于信息展示量十分有限，当屏幕所能传递的信息有限时，好的内容便成为了撬动用户注意力的杠杆，这便给了直播成为电商新流量入口的机会。

搜索只是网站系统中一个重要的组成部分，对于用户来说只是手段。如果想实现更好的产品体验并能解决用户的需求，还必须向浏览功能转变。这也是用户越来越倾向于浏览型电商的主要原因。

8.3.4 ▶ 商业直播

商业直播主要是通过直播这个过程来实现企业在营销、管理上的高效、便捷和成本低廉化。如直播讲座，与会人员不用亲自到会场，在家通过平台就可以全程倾听和参与。再如直播公司内部会议不仅可以提高会议效率，还可以节省很多人力、物力、财力。

商业直播适用场景非常广泛，主要集中在8个领域，如图8-13所示。

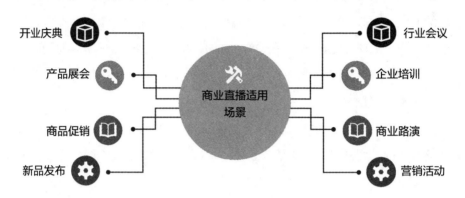

图8-13 商业直播适用场景

通过移动直播技术，企业可以实现简单、高效、一站式的管理与营销问题，满足企业在新品发布会、开业典礼、周年庆典、会议培训、公益活动等多层面的需求。

如微赞直播，是专门针对企业商业运营而开发的一套云生态互动直播平台，其优势在于整合了全国媒体优势资源与微信高流量入口，与全国近千家公众平台进行有效互动。微赞直播通过精准传播、实时互动、快速成交、智能结算四大核心，帮助企业建立自动化营销推广模式，放大企业的影响力，提升业绩，重塑价值，建立大数据生态链，实现让企业的销售增长、品牌影响力放大的同时，协助企业建立移动互联网大数据库的目标，最终帮助企业成功实现移动互联网大数据转型升级。

商业直播与泛娱乐直播、游戏直播和电商直播等类型存在本质的区别，商业直播商业性比较强，实用性、针对性、目的性也很明确，比较注重实践性，足以保证直播内容把品牌文化、创意故事、研发科技等与商品相关联的信息呈现给用户，不仅仅是单纯的直播商品，更多的是商品背后的内涵，同时还可以依据用户的观看习惯，即时将适合用户消费喜好的商家和商品信息关联推送。

专门做商务视频直播产品的"微吼"，吸引了包括IBM、微软、腾讯、中欧商学院等在内的世界500强企业。创始人林彦廷认为，同步直播具有线性播放的持续参与感，能有效促进行业研讨、巡展、峰会、网络会议等活动的传播效果。

商业直播平台被认为是最适合企业搞移动端社交营销的平台。美中不足的是，这类平台处于萌芽阶段，在整个直播市场中占据的份额相当小，更没有像娱乐直播中花椒、映客，游戏直播中的斗鱼龙珠那样的大平台。但商业直播所面对的是真正的消费者，所推广的是企业文化、行业知识、背景故事、制作工艺等这些特殊的"产品"，更容易创造价值，不需要拥有庞大基数的用户，但购买能力往往很强。从这点，商业直播平台在未来发展空间很大。

我国移动端社交营销未来的发展大趋势

移动端社交营销随着移动互联网技术、移动设备、社交平台的变化而变化，逐渐表现出不一样的特性。因此，我们在做营销时思想不可固化、做法不可一成不变。相反，要与时俱进，根据客观实际作出应变，以迎合消费者的需求。

这就需要我们能从现有的经验中总结出规律，善于把握未来趋势。接下来就来了解一下我国移动端社交营销未来可能出现的五大趋势。

趋势1：平台营销精细化管理

平台型媒体是移动环境中最无法忽视的媒介巨头，如何使用好这些平台，成为了企业营销必须打好的第一仗。各大移动平台都在不断完善自身的广告系统，利用自身的大数据优势与用户黏性，广告产品不断更新，优化能力不断加强。

今天大量品牌对平台营销的理解仍然停留在展示广告时代，过于依赖入口级广告位置的购买，简单、粗暴、直接，却没有真正利用起平台提供的数据优化能力、深入的用户人群洞察能力和精细化预算管理能力，并没有从大水漫灌真正变成精准滴灌。

如果品牌能够系统性地实现多平台、跨平台的营销管理、广告投放、素材流动和数据整合，就可能会创造出大量的精细化管理收益和竞争中的破局点。这意味着企业必须将媒体类别重新划分，抛开过去按照户外、电视、网络等媒介类型的划分逻辑，而是从新的商业生态角度分为展示类媒体、连接类媒体和转化类媒体。

趋势2：抓住短视频红利风口

2019年统计数据表明，短视频用户人均单日使用时长最高达到90分钟，人均单日启动次数最高也达到10.1次。短视频，以其丰富的表现力和碎片化的特点，正在快速成为移动社交内容之王。

然而，目前短视频市场上MCN质量良莠不齐，品牌故事与短视频结合的方法尚不成熟。时趣最新组建了专门针对品牌营销的MCN团队——"时趣优拍"，通过其视频拍摄及投放一体化的效果，保证和更懂受众的创意内容与量产能力，致力于提供移动社交时代种草力最强的短视频解决方案。

趋势3：丰富在线化营销场景

营销技术领域向来充满了各种不明来历的时髦概念，而时趣坚定地认为：没有应用场景的营销技术都是耍流氓。

数字营销技术虽然发展多年，但截止目前仅仅实现了广告投放场景的在线化管理，而其他营销环节场景仍然大量依赖线下操作，并没有真的搬到线上去：赠品派发、促销员激励、产品试用、口碑推荐、体验反馈、推荐奖励、消费者社区……只有这些营销环节从线下搬到线上，才能丰富数字营销的在线体验。做到数据的全面采集、清洗挖掘和管理运营，才能谈得上真正的"在线营销"，更有效地增加品牌与消费者通过移动社交的各种互动机会，在频繁的接触中让消费者养成与企业密不可分的生活习惯。

趋势4：抓住对品牌价值认可度最高的"95后"消费者

在多项市场调查中显示，2017年大学毕业的"95后"可能成为最愿意为品牌买单的新一代消费者。在他们世界观形成的关键期，中国已经进入了物质丰富、商业发达和资讯爆炸的时代，品牌在越嘈杂的环境中，对消费者产生的价值更大。

另外，"95后"消费者在一个相对安全的消费环境中成长起来，他们对产品品质的担心较上一代消费者更少，对传统知名品牌的依赖度也相对更少，但是对品牌代表意义的吸引力更加看重。这个关键的变化将给营销管理者带来更多的机会。

趋势5：利用社群打造复合竞争优势

在移动社交时代，品牌到底是什么？这个问题值得每位营销人深入思考。品牌肯定不仅仅只是难以衡量的记忆、信任和选择，品牌的表现形态正变得更加具象、跨界和流动。

品牌和媒体正在完美地结合。自媒体的电商化趋势，特别是服装领域的网红电商的兴起，让很多品牌意识到也许自己的下一个竞争对手，就来自于自己广告投放的合作媒体。而能成功建设大规模社群的品牌，也明显在积累着越来越大的势能，成为竞争中的杀手级应用。

社区运营、内容策划这些工作将逐步成为品牌营销部门的工作重心。这是一个跨界的时代，这是一个整合的时代，品牌可以继续以不变应万变，也可以开始和时趣一起准备你的"达尔文计划"。